ISAURE D'AUBIGNIE,

IMITATION DE L'ANGLAIS.

PAR PIGAULT MAUBAILLARCQ,

MEMBRE CORRESPONDANT
DE LA SOCIÉTÉ PHILOTECHNIQUE,
AUTEUR DE LA FAMILLE WIÉLAND,
OU LES PRODIGES.

La morale a besoin, pour être bien reçue,
Du masque de la fable, ou du charme des vers;
La vérité plait moins quand elle est toute nue.

BOUFFLERS.

TOME SECOND.

PARIS,

CHEZ BARBA, LIBRAIRE, AU PALAIS-ROYAL,
derrière le Théâtre-Français, n° 51.

DE L'IMPRIMERIE DE MAME.
1812.

ISAURE D'AUBIGNIE.

LETTRE XXI.

Isaure à Julie.

Tu te plains, Julie, de ce que dans ce moment intéressant je ne te donne pas assez de mes nouvelles. Pourquoi donc te tourmenterais-je par le récit d'une foule de particularités dont il m'est pénible de m'occuper, parce qu'elles tiennent à un événement important auquel je travaille encore à me résigner? J'évite même d'y penser, et je cherche à m'en distraire. Je n'ose combattre dans la crainte d'être vaincue. Je redoute d'être seule avec mes pensées, et je suis réduite à applaudir en quelque sorte aux extravagances et à la joie folle d'Ursule, qui ne cesse de s'extasier de mon bonheur, et qui, sans le besoin que j'éprouve de m'étourdir, m'excéderait par ses bruyantes saillies. Elle est bien loin de penser, lorsque je souris à ses folies, que j'ai le deuil dans le cœur. Je l'appelle souvent sans avoir aucun besoin d'elle, uniquement pour échapper à mes réflexions et pour me sauver du danger de la solitude.

Ce n'est donc que pour éviter de réfléchir que j'ai un peu tardé à te répondre. Tu sais que je mets à jour avec toi jusqu'au dernier repli de mon cœur; et je crains trop d'en examiner la situation. Ne t'attends pas à recevoir de mes nouvelles jusqu'après *mardi prochain.* Mardi prochain! Ah! mon amie, quel jour pour ton Isaure! Il peut lui ravir sa liberté; mais il ne te ravira jamais son cœur.

Te souviens-tu, Julie, de l'habitude que nous avions contractée dans l'enfance, d'annoter les jours remarquables qui nous avaient amené quelque plaisir ou quelque peine? Eh bien! annote *mardi prochain*; mais garde-toi de prononcer sur sa bonne ou sa mauvaise influence; garde-toi de prononcer sur les effets qu'il doit produire.... Le sort en décidera un jour. Adieu, mon amie, c'est Isaure d'Aubignie qui te dit adieu pour toujours.

LETTRE XXII.

Ursule à Julie.

Mademoiselle,

Puisque j'ai été assez heureuse dans d'autres circonstances pour que vous ayez approuvé les détails que j'ai cru devoir vous donner de ce qui se passait d'intéressant dans la famille de ma jeune maîtresse, lorsqu'elle-même était hors d'état de pouvoir le faire, je prends la liberté, en attendant qu'elle puisse vous écrire, de vous instruire, avec son aveu, de ce qui s'est passé à son mariage qui vient de se célébrer, et qui nous comble tous de joie, parce qu'il assure son bonheur et la tranquillité de M. d'Aubignie.

Si vous vous ressouvenez, mademoiselle, de ce que j'ai eu précédemment l'honneur de vous mander à cet égard, vous conviendrez que j'ai deviné juste, et que j'ai vu clair en cette affaire, lorsque j'ai prédit ce qui arrive. Cependant madame la comtesse n'est pas aussi gaie qu'on pourrait s'y attendre ; mais c'est qu'aussi un mariage fait toujours beaucoup d'impression sur une jeune personne ; c'est au moins l'effet que cela me ferait à moi.

J'ai pris la liberté de demander à madame si elle compte vous écrire aujourd'hui mercredi : « Ursule, me répondit-« elle, cela ne m'est pas encore possible ; « charge-toi de ce soin, et dis-lui que je « lui écrirai lorsque je serai plus tran-« quille. »

Je prends donc la plume. J'espère, mademoiselle, que votre indulgence ne se lassera pas, et qu'en faveur de mon zèle vous voudrez bien me la continuer.

Je vous dirai donc pour commencer que par contrat de mariage monsieur de Montalban fait don à son épouse de cent mille écus, avec l'usufruit de la moitié de tous ses biens, au cas qu'elle ait le malheur de le perdre sans enfans. Il lui a présenté pour cadeau de noce des diamans d'une grande valeur, auxquels il avait joint l'obligation que monsieur le comte d'Aubignie lui avait des sommes qu'il a payées au procureur, pour le sauver de la misère et du désespoir. Il a eu la délicatesse de ne pas la lui offrir lui-même, et de lui ménager une double satisfaction, en le libérant par les mains de sa fille ; car j'oublie de vous dire que monsieur d'Aubignie, qui a long-temps servi comme officier général, s'était décidé, malgré son âge, à aller se jeter aux pieds du roi et à lui redemander du service, afin de s'acquitter, par ses économies, avec son gendre.

Elle présenta donc ce papier à son père, et mettant un genou en terre : « Vous
« devenez dès cet instant, lui dit-elle,
« mon respectable père, le débiteur de
« votre fille ; souffrez, ajouta-t-elle, en
« déchirant cette obligation, que votre
« fille vous acquitte. Mais qui pourra jamais
« la libérer de tout ce qu'elle vous
« doit pour les soins que vous lui avez
« donnés depuis son enfance ? Comment
« pourra-t-elle jamais s'acquitter de tout
« ce qu'elle vous doit pour les bontés paternelles
« que vous lui avez constamment
« prodiguées ? Ah ! permettez à votre fille,
« non d'acquérir des droits à la reconnaissance
« d'un père, mais de lui donner
« une faible preuve de la sienne ! Songez
« que vous me priveriez, en refusant,
« d'offrir à la mémoire de la plus tendre

« mère, cette respectable épouse qui m'a
« rendue la dépositaire de votre bonheur,
« cette dernière preuve de mon amour et
« de mon obéissance. »

Son père la releva, la pressa tendrement contre son cœur, et tout le monde était attendri jusqu'aux larmes. J'espère pourtant, mademoiselle, que ce n'est pas le seul désir d'être utile à son père et de rendre sa vieillesse heureuse qui l'a déterminée à consentir à ce mariage; qu'elle a cru y trouver tout le bonheur qu'elle mérite, et je serais vraiment désolée s'il en était autrement.

Le cheval arabe de monsieur d'Aubignie se trouva, comme par hasard, richement enharnaché à la porte. C'est là le seul présent que monsieur de Montalban ait osé présenter à son beau-père; et si vous aviez vu la joie qui étincela dans ses yeux à la vue de ce pauvre animal qui reconnut son maître, je suis sûre que vous

penseriez comme moi, que monsieur d'Aubignie se trouvait plus satisfait que si on lui avait donné tous les trésors du monde. Il sauta au cou de monsieur de Montalban : « Le marquis d'Origny, s'é-
« cria-t-il, eut la barbarie, en me dé-
« pouillant à vil prix de la terre de Belle-
« ville, d'exiger le sacrifice de ce pauvre
« animal qu'il abandonna bientôt après.
« Grâce à vous, il rentre en ma posses-
« sion et je ne m'en séparerai jamais. »

On dit, et je le crois, que le projet de madame la comtesse est de racheter, des dons de son mari, la terre de Belleville, pour en laisser la jouissance à son père; et ce qui rend la chose probable, c'est que le propriétaire actuel dissipe sa nouvelle fortune de toutes les manières, et qu'il sera vraisemblablement sous peu réduit à se défaire de ce bien.

Je n'entrerai pas ici dans le détail des présens magnifiques que M. le comte de

Montalban a prodigués à tous les gens de la maison, et particulièrement à moi, parce que vous pourriez penser que l'intérêt me fait parler. Je vous prie de croire que je n'ai pas besoin de cela pour être attachée à mes maîtres, pour désirer leur bonheur, et pour les combler des éloges qu'ils méritent.

La cérémonie s'est célébrée hier dans l'église du village, parce que nous n'avons pas de chapelle dans cette maison; et il y avait à ce mariage plus de monde qu'il n'y en aurait eu dans bien des villes; parce que mademoiselle est tellement aimée, qu'on est venu de deux lieues à la ronde la voir marier.

J'ai eu beau l'en prier, elle n'a pas voulu faire une grande toilette; elle avait cependant tout ce qu'il fallait pour se mettre comme une reine. Malgré cela, je n'ai jamais rien vu d'aussi joli qu'elle le jour de ses noces, et au moment où elle sortait de mes mains. Ce n'est pas assurément que je veuille m'en faire un mérite, puisqu'aucune femme n'a moins besoin de toilette que madame. Elle avait une simple robe de mousseline blanche des Indes brodée en blanc. Ses beaux cheveux châtain-clairs, naturellement bouclés, relevaient son cou d'albâtre, et étaient soutenus par trois rangs de magnifiques perles qu'elle préféra à tout, parce que c'est vous qui les lui avez données; mais ces perles n'étaient rien en comparaison de celles qu'elle laissait apercevoir toutes les fois qu'elle souriait avec bonté ou qu'elle ouvrait la bouche pour dire quelque chose d'agréable. En vérité je ne pense pas qu'elle eût été plus ravissante dans la plus brillante parure. Il régnait dans son ensemble une douce langueur, un intéressant abandon, un petit air enfin si touchant, si captivant, qu'avec les grâces et la légèreté que vous lui connaissez, on l'eût prise pour une nymphe. Vous savez que, quand elle marche, ses jolis pieds touchent à peine à terre, et que sa taille déliée entre dans mes deux mains ; aussi M. de Montalban, en la voyant paraître, s'écria qu'il y avait en elle quelque chose *d'aérien*, et qu'elle était un ange. Ce sont, mademoiselle, ses propres expressions, et je les ai bien retenues pour vous les écrire.

D'honneur, je ne sais comment M. Alphonse a pu sitôt oublier tout cela ! Pauvre jeune homme ! Il n'y a peut-être pas de sa faute ; puisque, ruinés comme ils l'étaient tous deux, ils ne pouvaient jamais s'épouser. Je crois cependant, mademoiselle, qu'il convient à présent de ne plus parler de lui.

Et puis, si vous eussiez vu les beaux yeux de madame, modestement baissés à l'instant où pendant la cérémonie elle plaça sa main dans celle de son époux !

Quelques soupirs s'échappèrent cependant au moment où le prêtre prononça les mots qui font le mariage. Il lui prit alors une espèce de tremblement; son mari fut obligé de la soutenir, et je crus qu'elle allait s'évanouir. C'est qu'aussi ces paroles là sont bien imposantes; puisque, quand elles sont une fois lâchées, il n'y a plus à s'en dédire, et qu'elles donnent, dit-on, beaucoup à penser. Je n'en sais encore rien; peut-être l'éprouverai-je un jour; cependant il me semble que, quand on épouse un homme comme M. de Montalban, on ne doit guère avoir le temps de penser à autre chose. Enfin, mademoiselle, je ne sais si je rends bien tout cela; mais ce que je puis vous assurer, c'est que j'ai pleuré de joie et d'attendrissement; ainsi que tous les assistans, pour une aussi bonne maîtresse; que M. le comte d'Aubignie a lui-même versé des larmes de plaisir; qu'elles ont effacé toutes celles que le chagrin nous a fait répandre; que je ne crois pas qu'il y ait maintenant en France deux hommes plus heureux que M. d'Aubignie et M. de Montalban, et que je prie le ciel, avec autant d'ardeur que je le prierais pour moi-même, de les bénir ainsi que madame.

Il est arrêté que les nouveaux mariés iront, dans quinze jours, s'établir au château de Montalban qui n'est qu'à une petite distance; parce que cette maison-ci n'est ni assez grande, ni assez commode pour recevoir, et pour préparer les repas et les fêtes que M. de Montalban veut donner en réjouissance de ce mariage. Il paraît qu'il va déployer la magnificence d'un prince, et que cela sera très-brillant. Je vais sans doute être bien occupée, car madame va faire de grandes toilettes; mais aussi je vais bien m'amuser. Ce qui me déplaît, c'est que la maison de M. de Montalban n'est composée que d'Espagnols qu'il a amenés avec lui, et qui sont bien originaux et bien maussades, à en juger par ceux qui sont venus pendant la noce.

Je mets au premier rang don Carnero, le secrétaire de monsieur, hypocrite dangereux qui paraît avoir beaucoup trop de crédit sur l'esprit de son maître. Il avait cherché à lui persuader qu'il fallait faire venir d'Espagne des femmes pour servir madame, parce que, disait-il, les Françaises sont trop légères et trop inconséquentes; et il avait même été jusqu'à insinuer qu'il fallait m'écarter. Mais cela a paru tellement contrarier madame, que, non-seulement M. de Montalban lui a laissé le choix de ses femmes, mais que, sur le mécontentement qu'elle crut devoir témoigner à Carnero de ce qu'il s'immisçait dans des affaires qui ne le regardaient pas, et sur l'étonnement qu'elle montra à son mari de la liberté et de l'ascendant qu'il permettait à son secrétaire de prendre, il offrit encore à madame de renvoyer le secrétaire lui-même en Espagne. Mais madame, qui est la bonté et l'indulgence même, fut la première à prier M. de Montalban de ne pas se priver pour elle d'un homme dont les services lui étaient agréables, et je crois qu'elle a mal fait de ne pas le laisser aller, car cet Espagnol n'est pas homme, j'en suis sûre, à pardonner jamais le danger qu'il a couru de perdre sa place; et je crains, quand plus tard il jugera son maître moins épris, qu'il n'emploie l'ascendant qu'il sait prendre sur lui pour chercher à se venger et à nuire à madame.

M. de Montalban a dit à madame la comtesse qu'elle trouverait chez lui un nombreux domestique, et qu'elle choisirait elle-même le nombre de femmes qu'elle jugerait nécessaire à son service, parce qu'il n'y a chez lui qu'une vieille femme de charge nommée Béatrix, qui est aussi Espagnole. Il paraît que madame veut reprendre de préférence les femmes de chambre de sa mère, qui ne l'ont quittée dans le temps qu'à leur corps défendant. Quel bon cœur! Elle croit, dit-elle, devoir faire ce que feue madame aurait fait si elle l'avait pu. Elles sont pourtant toutes âgées et peu alertes; aussi don Carnero ne les trouvera, à coup sûr, ni inconséquentes, ni légères; et, quant à moi, il faut espérer qu'il voudra bien prendre patience.

M. d'Aubignie, qui va remonter un peu sa maison, viendra passer quelque temps avec nous. Madame lui avait proposé, ainsi que son mari, d'habiter avec eux; mais il préfère vivre en son particulier. Il attend de Paris une parente d'un certain âge, madame de Saint-Florent, qui a aussi éprouvé des malheurs, et qui doit venir se mettre à la tête de sa maison.

J'espère, mademoiselle, n'avoir rien oublié. Soyez persuadée que si cela était, ce ne serait pas ma faute; car j'ai tout observé avec beaucoup d'attention, afin de vous en rendre bon compte. J'entends la sonnette de madame, et vous vous imaginez bien que nous sommes sens dessus dessous, et que j'en ai par-dessus la tête.

J'ai l'honneur d'être, avec un profond respect,

Mademoiselle,

Votre très-humble et très-
obéissante servante,

Ursule Hiard.

LETTRE XXIII.

Isaure à Julie.

Ma Julie aura sans doute déjà murmuré de la négligence de son amie, quoique depuis ma dernière lettre elle n'ait pas été un seul instant hors de ma pensée.

Si je pouvais me trouver pendant une heure tête à tête avec toi, je te dirais bien des choses sur mon changement d'état, que, malgré la confiance avec laquelle je t'écris, il m'est impossible de confier au papier.

Il n'en est pas de même de toi, je devine bien ce qui t'agite; je sais, mon amie, quel est l'objet qui t'intéresse le plus vivement, quoiqu'il soit le dernier sur lequel tu doives me questionner ; je sais enfin que le bonheur de ton Isaure est le sujet de toutes tes inquiétudes : je ne puis cependant te tranquilliser entièrement sur ce point. Qu'il te suffise d'apprendre que *je dois être heureuse*, et que monsieur de Montalban paraît n'être occupé que du soin de mon bonheur.

Mais aussi la reconnaissance me fait un devoir de penser au sien, et pour l'assurer il me reste une victoire à remporter sur moi-même. Toi seule connais les secrets qui me tourmentent. Eh bien ! je dois, pour rendre monsieur de Montalban heureux, ne m'occuper, quoi qu'il puisse m'en coûter, qu'à les bannir entièrement de mon cœur. Aide-moi, Julie, à rétablir dans mon âme ce calme qu'aucun souvenir ne doit plus troubler. Je connais trop la faiblesse de notre sexe pour avoir l'amour-propre de m'en croire exempte. Je ne veux plus m'exposer au danger d'entretenir des idées qui, pour être captivantes, n'en sont aujourd'hui que plus dangereuses, et qui ne pourraient me causer que des chagrins. Monsieur de Montalban a maintenant droit à mes plus secrètes pensées ; je ne dois donc en conserver aucune qu'il ne puisse connaître. Je serais coupable, comme femme, de m'exposer à empoisonner une commune existence, que je dois m'attacher à rendre agréable à celui avec qui je la partage. A quoi serviraient donc maintenant des regrets tardifs et déplacés que je ne pourrais lui cacher, qui le rendraient malheureux, et qu'il ne m'était permis d'écouter qu'avant de monter à l'autel ?

Je t'avouerai même qu'entraînée par le sentiment de mes devoirs j'ai été prête à l'instruire de la liaison qui a existé entre Alphonse et moi, afin, s'il venait à en entendre parler un jour, d'éviter que son extrême délicatesse sur ce point ne le portât à donner à cette liaison une interprétation défavorable ; mais mon père, que je consultai à cet égard, me détourna de ce dessein, en m'observant qu'une semblable confidence, avec un homme du caractère de mon mari, pourrait produire un effet contraire, en donnant à une chose très-simple une importance qu'elle ne mérite pas. J'ai donc gardé le silence sur Alphonse, et je souhaite n'avoir jamais à me repentir de la confiance que j'ai dû placer dans mon père, et de la déférence que j'ai eue pour ses conseils.

Nous devons, mon amie, nous rendre sous peu de jours au château de Montalban. Mon père, dont le bonheur actuel est ma plus douce consolation, doit y passer quelque temps. Il reviendra ensuite avec madame de Saint-Florent, qui est arrivée hier pour tenir sa maison. C'est cette cousine de ma mère qu'elle aimait beaucoup, que tu as distinguée dans la foule des personnes qui fréquentaient l'hôtel quand nous habitions Paris, qui a aussi éprouvé tant de malheurs et qui les méritait si peu. Elle est aimable, elle a de l'esprit, de l'enjouement, et mon père, qui l'a soutenue tant qu'il a pu, a toujours eu pour elle beaucoup d'égards et de considération. Elle sera pour lui une société agréable. Il nous fera de fréquentes visites, nous ne serons certainement pas en reste, et j'espère qu'ainsi les années qui lui restent encore à vivre s'écouleront tranquillement et sans nuages.

Il croit, Julie, que les soins et les attentions que je lui prodiguais seront difficilement remplacés; aussi ne puis-je penser à cette cruelle séparation sans éprouver bien de la peine. Ah, mon amie! quel terrible changement ce lien imposant du mariage amène dans la situation d'une jeune personne! Elle est pour ainsi dire arrachée aux objets de ses plus chères affections, à tout ce qu'elle aime, à tout ce qui avait touché son cœur, et alimenté jusque-là sa sensibilité! Tout est brisé avec violence, sans ménagement et sans retour; et elle se doit, tout à coup et toute entière, à de nouveaux sentimens, à de nouveaux objets. Mais laissons ce sujet. Pourquoi revenir sur le passé quand j'ai besoin de tout mon courage pour soutenir le présent, et pour m'armer contre l'avenir! Puissé-je lutter avec succès contre l'un, afin de parvenir à maîtriser l'autre. Adieu, Julie.

J'ouvre ma lettre pour réparer une faute. Non, mon amie, cette lettre ne partira pas sans que j'en fasse l'aveu. J'ai un reproche à me faire que je ne puis te taire plus long-temps.

Je ne t'ai pas dit que, peu avant le départ d'Alphonse, un ami qui vint nous voir, et qui avait un grand talent pour la peinture, se fit un plaisir de nous peindre l'un et l'autre; qu'à l'époque où Alphonse nous quitta, nous échangeâmes ces portraits qui étaient connus dans la famille; et que depuis je prétendis avoir perdu le sien, par la crainte qu'il ne vînt à l'idée de me l'ôter. Eh bien ! j'étais occupée ce matin à arranger divers objets que je me propose d'emporter; je fouillais dans mes tiroirs, lorsque tout à coup le portrait d'Alphonse vint se présenter à ma vue. Je ne puis te rendre, Julie, l'impression terrible qu'il me fit. C'est la première fois qu'il me tombe sous la main depuis que mon mariage a été arrêté. J'avoue que si, avant cette époque, je le contemplais souvent avec attendrissement, cette fois il me serra le cœur, et me fit un mal affreux. Je t'assure, mon amie, que je ne cherchais pas à le revoir; mais, dis-moi, n'ai-je pas eu tort de n'avoir pas pensé à m'en défaire?

Je fermai de suite le tiroir, comme si j'eusse aperçu un serpent. Faut-il que ce qui faisait jadis mon bonheur produise aujourd'hui sur moi un semblable effet ! Cependant, puisque je ne veux rien te cacher, j'osai rouvrir une seconde fois ce tiroir, fixer encore ce fatal portrait, et considérer de nouveau la figure douce, pensive et mélancolique d'Alphonse..... Ah ! j'y retrouvai tous les sentimens qui me l'ont rendu si cher. J'ai cherché dans ces traits si touchans quelques traces de l'infidélité dont il s'est rendu coupable; et je n'y ai trouvé que de la candeur, de la sensibilité, de la constance.... Comment a-t-il donc pu m'oublier ainsi ! Il me semble, Julie, que je lui en voudrais moins, si je pouvais me persuader qu'il pense encore à moi.

Lorsque je m'abandonnais ainsi à des

impressions que j'aurais dû écarter, est-ce l'idée que je me permettais alors quelque chose de criminel qui me fit tourner la tête, et porter avec crainte les yeux vers la porte de mon appartement, comme pour me rassurer contre une surprise! Oui, je le crois, mon amie, et ma conscience me le confirme. Je me suis trop arrêtée à cette dangereuse contemplation. Oui, j'ai examiné avec trop d'émotion les traits d'Alphonse. Pour m'assurer à quel point je suis coupable, je me demande si j'aurais voulu que M. de Montalban eût été témoin de cette scène attendrissante. Oh! non, non; je tremble même de cette supposition; et cette crainte prouve que je ne dois plus m'exposer à de semblables agitations, et que je ne puis garder plus long-temps ce portrait. Et pourtant, Julie, lorsque je l'échangeai contre le mien, j'aurais rendu le monde entier témoin de cet échange; nos intentions étaient pures ! Comment seraient-elles devenues coupables ?.... Ah! je ne le sens que trop, les circonstances ne sont plus les mêmes;.... tout est changé pour moi. Croirais-tu, mon amie, que je cherche encore à en douter, afin d'éviter de me séparer de l'image de l'infidèle, et que je voudrais encore me faire illusion! Dis-moi ce que je dois faire; mais, avant de prononcer, rappelle-toi la sévérité de mes principes, et garde-toi de te décider par des motifs de précaution qui, pour me garantir d'une faiblesse dont je suis incapable, deviendraient insultans et gratuitement pénibles pour ton amie. J'attendrai impatiemment ta réponse pour savoir si je resterai encore dépositaire de ce que je ne considère maintenant que comme un gage d'amitié.

Ah! je suis toute à Montalban, et rien ne pourra me faire dévier de mes devoirs. Ne me fais pas un crime des derniers combats que je me livre, puisqu'ils sont nécessaires pour me vaincre.... Permets-moi encore un soupir.... une pensée.... ce sera la dernière. Mon cœur est pur, Julie ; ne lui fais pas un crime d'être souffrant et malheureux. Adieu.

LETTRE XXIV.

Isaure à Julie.

Mon père, à la veille d'une douloureuse séparation est venu ce matin passer une heure tête à tête avec moi. Il paraissait avoir beaucoup à me dire ; cette heure cependant s'écoula dans un silence morne qui fut à peine interrompu par quelques phrases entrecoupées de larmes amères. Ursule vint enfin nous avertir que le déjeuner nous attendait. Nous allions descendre, lorsque mon père, rappelant son courage, m'arrêta, et me prenant la main : « Isaure, me dit-il, j'avais bien des choses « à vous dire touchant notre séparation ; « mes idées se pressent d'une manière si

« tumultueuse, que les expressions me
« manquent pour les rendre. Je ne puis
« m'empêcher d'envisager votre mariage
« comme la perte totale, pour moi, d'un
« enfant chéri ! Je tâche de me consoler
« de ce malheur, en me persuadant que
« vous ne pouvez qu'être heureuse avec
« le plus digne et le plus généreux des
« hommes; mais je n'aurai plus mon en-
« fant près de moi; je serai privé de ses
« soins, de ses attentions, et cette pensée
« empoisonne la satisfaction dont je de-
« vrais jouir. Ah! votre dévouement pour
« un père doit être récompensé, et il le
« sera sans doute, Isaure, sur vous et
« sur les vôtres. Vos principes, vos ver-
« tus et votre conduite exemplaire rendent
« bien inutiles toutes les recommanda-
« tions qu'un père, en la mariant, pour-
« rait croire indispensable de faire à sa
« fille; cependant j'ai trouvé dans les pa-
« piers de votre estimable mère un pa-

« quet cacheté, sur lequel était écrit :
« *Pour être remis à ma fille le lende-*
« *main de son mariage.* Je sais qu'il
« renferme des réflexions précieuses sur
« le nouvel état que vous venez d'embras-
« ser, et qu'elles sont le fruit de ses mé-
« ditations et de sa vive sollicitude. Cette
« digne épouse, qui prévoyait sa fin, aura
« craint sans doute que, privée d'un père
« par le chagrin et l'adversité à l'époque
« de votre mariage, vous ne vous soyez
« trouvée, comme femme et ainsi isolée,
« dans des situations tellement fâcheuses
« et difficiles, que vous n'ayez eu à re-
« gretter doublement notre perte. C'est
« donc un devoir pour moi, mon enfant,
« de vous remettre ce paquet intéressant.
« Vous y trouverez la preuve que cette
« tendre mère s'est occupée de vous jus-
« qu'à son dernier soupir, qu'elle n'a
« désiré se survivre que pour vous être
« utile; et vous jouirez, en le parcourant,

« de la douceur de communiquer encore « une fois avec elle. »

Il me le remit, et j'employai une partie de la journée à le lire et à le méditer avec le recueillement et l'attention qu'il mérite. Je t'en envoie une copie. Je dois à mon amie le partage de ce trésor; et quoique tu ne puisses le parcourir avec le même intérêt que celle à qui il fut destiné, ni partager sa reconnaissance, tu trouveras cette lecture si intéressante que tu me remercieras de te l'avoir procurée; puisqu'elle t'offrira tout ce qui peut assurer le bonheur d'une femme, en lui offrant les moyens de captiver un mari.

Celle qui traça ces lignes, celle qui me destina ces conseils précieux n'en eut jamais besoin pour elle-même. Ses préceptes étaient innés, et pour guider sa fille il lui a suffi de lui ouvrir son cœur. Lis, Julie, lis; et tu reconnaîtras avec attendrissement à chaque page la plus respectable des épouses comme la plus prévoyante des mères.

———

MA CHÈRE ISAURE,

« Lorsque tu ouvriras ce paquet, la main qui a tracé ces lignes, le cœur qui les a dictées seront décomposés dans le tombeau ! Elles te transmettent des avis que je t'aurais donnés moi-même, si j'avais assez vécu pour te conduire à l'autel.

« Oh ! mon enfant, tu as donc changé d'état, tu as cessé de t'appartenir ! Tu viens de contracter devant Dieu des obligations imposantes et solennelles !.... Tu es mariée !

« Que ne puis-je en ce moment percer l'avenir et connaître celui à qui tu auras donné ta main ! Mes conseils en seraient plus sûrs, puisqu'étant basés sur le caractère de ton époux, ils pourraient alors contribuer davantage à assurer le bonheur de ton union. Puissiez-vous être heureux l'un et l'autre ! Puisse-t-il apprécier tout ce que tu vaux ! Si j'étais certaine qu'il en fût capable, je serais hors de toute inquiétude sur ton sort.

« Mais quelle que tu sois, et ce qui précéde te convaincra de la haute opinion que j'ai de tes vertus, tu te flatterais sans doute, si tu pouvais penser qu'elles pussent suffire à assurer ton bonheur. C'est beaucoup assurément que de les posséder; mais c'est de leur application que doit dépendre le succès de tes efforts, et c'est pour diriger ceux-ci que ma voix se fait encore entendre. C'est la dernière fois, Isaure, que tu communiqueras avec ta mère ! Que ses dernières paroles soient non-seulement présentes à ta mémoire, mais qu'elles ne cessent de retentir à ton cœur !

« Ce n'est sans doute pas d'aujourd'hui que tu auras reçu de ta mère la plupart des conseils qui vont suivre; mais je sais par expérience que des observations générales sur un événement possible ont moins de force, font moins d'impression que lorsque l'événement s'est réalisé.

« De tous ceux qui peuvent intéresser une femme, le mariage est sans doute le plus important pour sa future destinée, puisqu'il la place dans une situation, parmi toutes les autres, la plus heureuse ou la plus misérable. Celle qui ose ici te tracer une règle générale de conduite a, pour faire excuser cette témérité, une longue expérience et sa sollicitude maternelle. Elle a assez long-temps été épouse et mère pour en connaître à fond tous les devoirs; elle a assez long-temps été heureuse, sous ces deux titres, pour se flatter que le sentier qu'elle a suivi, et dans lequel elle entreprend de te guider, pourra te conduire au bonheur; elle connaît enfin assez sa fille pour ne pas craindre que ses leçons soient perdues ou négligées.

« La beauté, l'esprit et les grâces, qui captivent dans une maîtresse, ne suffisent pas pour assurer le bonheur d'une épouse. Leur pouvoir sera de peu de durée, il deviendra même funeste, si, comme il arrive quelquefois, ces avantages sont employés plutôt à captiver la société qu'à attacher un époux. Que le désir de lui plaire exclusivement soit le sujet de ta constante sollicitude; car s'il t'aime autant que tu dois le désirer, il souffrirait de n'être pas l'unique objet qui t'intéresse; et s'il ne t'aime pas, l'amour-propre blessé serait peut-être autant à craindre, dans son ressentiment, que toutes les fureurs d'un amour offensé.

« Ne regarde donc jamais comme une chose indifférente, ni au-dessous de toi, aucun des soins qui peuvent contribuer à captiver un époux. Ils sont en général plus reconnaissans des attentions obligeantes, qu'ils ne le sont de l'acquittement des devoirs essentiels, parce qu'ils savent qu'ils ont des droits à ces devoirs, et qu'ils considèrent les attentions comme des faveurs; et crois, Isaure, qu'il n'est rien de plus flatteur pour une femme que de savoir tirer un parti aussi avantageux d'un moyen aussi simple.

Si tu épouses un de ces hommes que la nature a favorisés de ses dons, un de ces hommes enfin que l'imagination fantastique d'une jeune personne se plaît trop souvent à lui présenter pour époux, garde-toi surtout de la dangereuse supposition que tes affections pour lui, que les sentimens qu'il t'aura inspirés, que ceux qu'il éprouvera pour toi, ne puissent souffrir aucune altération, aucun affaiblissement. Sois convaincue que l'union la plus heureuse et la mieux assortie, que celle même dont la sympathie des goûts semble devoir assurer la durée, n'est pas toujours exempte des vicissitudes qui accompagnent toutes nos jouissances, et que l'espérance, en cela comme en tout, nous présente des illusions que la possession ne tarde pas à éteindre. Crois que le délire d'un amour violent s'évanouit et se consume par sa propre violence, que rien de ce qui est extrême ne peut durer, et qu'une femme prudente doit s'occuper d'avance à remplir le vide que doit laisser un jour l'extinction d'une passion impétueuse, et à empêcher son mari d'en apercevoir l'affaiblissement, en lui inspirant des sentimens qui, fondés sur l'estime et sur l'amitié, sont bien plus délicats, plus touchans et moins variables que les accès d'un amour délirant et passager.

« N'oublie pas que, quelque empressé, quelque galant qu'ait été un amant avant de monter à l'autel, il en descend presque toujours avec une manière de voir totalement différente. Son cours de galanterie se termine par la bénédiction nuptiale; et, non-seulement une femme n'a plus à prétendre qu'aux seuls sentimens que sa conduite pourra lui mériter; mais là commence le chapitre étendu de ses obligations; trop heureuse, lorsqu'un mari, pour se dédommager du rôle souvent fatigant qu'il vient de jouer, ne les étend pas au-delà des bornes, en devenant plus exigeant qu'il ne devrait l'être.

Un époux doux, aimant et sensible pourra se relâcher, en apparence, d'une partie de ses droits; mais, toujours convaincu de leur existence, il voudra être dédommagé du sacrifice qu'il aura fait; et tout sera perdu s'il est trompé dans son attente, et surtout s'il a à craindre qu'on ne s'aperçoive que sa femme en tire vanité.

« Si ton mari est complaisant et facile,

garde-toi donc d'abuser de ses dispositions, lors même qu'il serait assez faible pour y consentir. Il serait certainement indigne de toi l'époux qui pourrait se résigner sans murmure à une espèce de dégradation qui l'exposerait à rougir. Si, pour le bonheur conjugal, toute idée de puissance, tout désir de l'exercer doit être banni d'un ménage, il ne suffit pas qu'un époux n'ait pas à regretter la suspension du pouvoir, il faut encore que la conduite d'une femme soit telle qu'il n'ait même jamais eu à réfléchir sur l'existence de cette prérogative.

« Souviens-toi, Isaure, que les charmes et la douceur dont la nature a pourvu notre sexe sont les seules armes que nous pouvons employer avec succès; qu'aucune autre près d'un époux ne peut y suppléer; et que, près d'un homme convaincu de ses droits et capable de les soutenir, tout autre moyen conduirait infailliblement à une honteuse défaite. N'oublie pas que notre pouvoir doit agir d'une manière presque magique et invisible; que loin d'être le salpêtre qui fait éclater la roche, il doit être la goutte d'eau qui insensiblement l'use et la mine; que si nous possédons tout ce qui peut fléchir, nous n'avons rien de ce qui peut rompre; que si nous avons enfin les moyens de tout obtenir, il nous est impossible de rien conquérir par la force.

« De toutes les imprudences qu'une femme puisse commettre, la plus fatale, celle qui l'expose au plus grand danger, c'est l'aveuglement qui la porte à se déplacer et à oublier le rôle intéressant pour lequel la nature l'a formée; qui l'entraîne enfin à oublier son sexe, pour aspirer ambitieusement à gouverner un mari. Ce projet téméraire se manifeste chez quelques-unes dès avant le mariage; son accomplissement est l'objet de leurs plus vifs désirs; c'est lui qui les dirige souvent dans le choix d'un époux; c'est celui enfin de l'exécution duquel elles commencent à s'occuper en descendant de l'autel ; et souvent huit jours ne sont pas encore écoulés, que le résultat de leurs efforts inconsidérés a déjà empoisonné pour jamais leur existence.

« La nature dans ses caprices a quelquefois, à la vérité, interverti les sexes, en accordant au plus faible les moyens qu'elle a refusés au plus fort, et un mari peut, en ce cas, se trouver dirigé par une femme intelligente; mais, loin qu'il doive s'en apercevoir, l'empire de cette femme doit, en ce cas, s'établir de lui-même, sans effort, par la seule supériorité de ses moyens; et cet empire de la douceur sur la force, loin de déplaire à celui sur qui il s'exerce, ne doit lui paraître que l'effet de son indulgence ou de sa condescendance pour une femme qu'il estime, qu'il aime, et qui a su captiver sa confiance. Il doit croire qu'il ne suit que son opinion, lorsqu'il a adopté la sienne; car, s'il vient à s'apercevoir d'une intention de le subjuguer, son amour-propre ne manquera pas de se révolter, surtout si cette femme maladroite ajoute à ce tort impardonnable celui de rendre le public témoin de cette indécente victoire. Une femme doit se garder d'épouser un sot; mais, si elle ne peut éviter ce malheur, ces conseils lui deviennent encore plus nécessaires; car un sot a plus d'amour-propre qu'un autre, et pardonnera moins lorsque cet amour-propre aura été aussi sensiblement blessé.

« Si la tendresse maternelle ne m'abuse pas, mon Isaure est, de toutes les femmes, celle à qui ces recommandations sont le moins nécessaires. Je ne pense pas qu'elle puisse jamais être réduite à épouser un homme de qui elle hésiterait un seul instant de faire dépendre son bonheur. J'ai bien plus à craindre que sa douceur et son extrême sensibilité ne la portent souvent à un excès contraire, pour ne pas dire à une faiblesse, qui puisse compromettre le bonheur commun. Je redoute enfin qu'elle manque de force pour combattre le malheur et les chagrins qui pourraient accabler son époux ; et voilà cependant, mon enfant, les circonstances où il est du devoir d'une femme de déployer de grands moyens, de montrer une grande fermeté, et où elle peut acquérir une véritable gloire. Souviens-toi que les devoirs d'une épouse sont inséparables des services de l'amitié ; que ces services ont principalement pour objet de consoler, de soulager, de fortifier ; qu'il ne suffit pas d'aimer un mari, et qu'il est souvent nécessaire de le réconcilier avec lui-même, avec les autres, de l'aider enfin à résister à l'infortune et à vaincre l'adversité.

« Crois que l'infortune dans un ménage est moins accablante quand elle est partagée ; que le plaisir qu'éprouve une femme en consolant un mari est le premier adoucissement aux peines qu'elle partage, et qu'il est tout à la fois le triomphe et la récompense de l'amour conjugal. Si le lien qui unit deux époux heureux est précieux, celui qui lie deux époux infortunés est plus intéressant encore ; car si l'on peut jouir isolément du bonheur, on a besoin de se réunir pour supporter l'infortune. Les larmes qui baignent ce papier ne coulèrent jamais devant ton père. Songe aux efforts que j'ai dû faire pour les lui cacher ; le souvenir des malheurs dont il fut accablé vient, lorsque je les croyais épuisés, d'en ouvrir de nouveau la source.

« Il est, Isaure, des peines moins aisées à supporter pour une femme, et que ta mère n'a jamais connues. Ce sont celles qui prennent leur source dans l'infidélité d'un époux ; celles dont la jeunesse, les grâces, la beauté, les talens, les qualités aimables ne garantissent pas toujours, et qui deviennent d'autant plus amères qu'elles sont moins méritées. Ces peines ne peuvent être adoucies que par le courage et la résignation ; pour les faire cesser il ne faut souvent que beaucoup de patience et un peu d'adresse. Si le cœur de l'infidèle n'est pas totalement aliéné, s'il n'est coupable que d'un écart des sens, il suffira peut-être d'une circonstance habilement saisie, non-seulement pour le ramener, mais encore pour le garantir d'une nouvelle faiblesse dont les ménagemens, la douceur et l'indulgence d'une femme le conduiront peut-être à se garantir. S'il n'est question enfin que d'un égarement passager, l'éclat, les plaintes et les reproches peuvent amener un résultat beaucoup plus fâcheux, rendre le mal sans remède; et ils deviennent inutiles si l'époux est perdu sans retour. Dans tous les cas, ils ne servent qu'à abaisser celle qui souffre sans corriger celui qui afflige. Une femme d'ailleurs ne doit peut-être pas toujours attribuer ces écarts à l'injustice ou à l'inconstance. Ils peuvent avoir été provoqués par quelques imprudences, par quelques torts dans sa propre conduite que la vertu peut ne pas décidément blâmer, mais que la prudence condamne. Qu'elle s'empresse d'abord de réparer ces torts; qu'elle ôte tout prétexte vrai ou supposé à l'infidélité; elle pourra ramener l'infidèle, et si elle n'y parvient pas, qu'elle se persuade bien que, dans une situation aussi désespérée, des explications et des reproches ne feront qu'aigrir et éloigner davantage.

« Ce n'est pas à toi, mon enfant, qu'il est nécessaire d'observer qu'une femme prudente doit, dans les détails domestiques, éviter de donner par opiniâtreté une tournure fâcheuse à des objets souvent insignifians. Nous ne nous apercevons pas toujours combien un tort léger en apparence peut, lorsqu'il se répète ou qu'il se prolonge, finir par indisposer. On perd de vue le point de départ; des torts plus graves et plus réels succèdent aux premiers; et si la plupart des épouses, qui sont malheureuses par incompatibilité d'humeur, étaient de bonne foi, elles conviendraient qu'elles ne doivent souvent l'éloignement d'un mari qu'à une cause tellement légère dans le principe, qu'il leur eût été alors bien facile de la faire oublier. Que de querelles dans la société qui n'étaient rien dans l'origine, et dont la première cause se perd dans les outrages qui lui ont succédé !

« Mais si dans un ménage l'on ne peut éviter quelques orages passagers, combien en ce cas est facile pour une femme le premier pas vers une réconciliation ! Combien il doit peu coûter à un sexe à qui la nature a donné la douceur, la bonté et la condescendance en partage ! Sois persuadée qu'un homme assez insensible pour y résister serait bien moins vaincu par la roideur, l'humeur ou la violence ; sois convaincue enfin qu'être heureuse dans le mariage doit être le but constant de nos efforts, et que rien ne doit nous coûter pour y parvenir.

« Qu'une femme se garde bien surtout de confier à qui que ce soit un manque d'égards ou de tendresse qu'elle croirait avoir à reprocher à son mari. Le charme délicat de l'union conjugale se trouve à jamais flétri et brisé par ces confidences indiscrètes, qui rendent un tiers témoin de son affaiblissement, juge ou arbitre de sa querelle. Tant sont intéressés, quand une femme est jeune et jolie, à troubler la paix de son ménage, qu'ils cherchent à profiter du moindre nuage qui vient l'obscurcir, pour augmenter le désordre et pour la jeter, s'il se peut, dans quelques écarts funestes. Dès qu'elle aura eu le malheur de prendre le public pour arbitre entre elle et son mari, elle se verra entraînée sans espoir de retour; les torts de son mari, quelque légers qu'ils soient, seront aggravés; les siens, quelque sérieux qu'ils puissent être, seront atténués; car elle aura pour elle toutes les femmes, qui font cause commune quand l'une d'elles croit avoir à se plaindre des hommes; et tous les hommes, parce qu'ils nous adulent, et qu'ils espèrent profiter de nos fautes et de nos faiblesses. C'est alors qu'on voit sortir, comme d'un antre ténébreux, ces prétendus consolateurs, ces perfides champions qui, sous le prétexte insidieux de défendre ou de venger une femme, viennent, en complétant son déshonneur combler sur sa tête le gouffre affreux qu'elle avait creusé sous ses pas.

« Voilà, mon enfant, les principales observations que me dictent une longue expérience et ma tendresse maternelle. Je suis bien convaincue que ton caractère et tes vertus te les rendent à peu près inutiles. Le terme de ma carrière s'avance ; je sens qu'il me reste peu de temps à vivre ; c'est la dernière fois que tu entendras ta mère. Ses derniers vœux, ses dernières paroles sont pour invoquer l'Être suprême en ta faveur, et pour appeler sur toi toutes les bénédictions du ciel. Adieu, mon enfant..... Adieu, mon Isaure..... Adieu. »

―――

Voilà, Julie, le legs précieux de la

plus tendre des mères ! Voilà ces conseils dictés par la sagesse et la prudence, par l'intime conviction des devoirs d'une femme, de ces devoirs qu'elle remplissait avec tant de constance et de ferveur.

Ah! je ne les oublierai jamais ces préceptes que j'ai couverts de mes larmes.... Oh! ma mère, tu ne les auras pas tracés en vain ; et du haut des cieux où tes vertus t'ont placée, et d'où tu veilles avec sollicitude sur la destinée de ton enfant, tu applaudiras à sa conduite, et la satisfaction qu'elle te procurera fera partie des jouissances célestes et des récompenses éternelles que ces vertus t'ont méritées.

Je te quitte, mon amie, pour aller m'occuper des préparatifs de mon départ; et ma première lettre sera sans doute datée du château de Montalban.

LETTRE XXV.

Isaure à Julie.

Nous sommes enfin arrivés au château de Montalban, dans cette terre magnifique dont je ne m'étais fait qu'une idée imparfaite. Mais la magnificence qui éblouit mes yeux ne touche pas mon cœur. Quoiqu'accoutumée avant nos malheurs au séjour brillant de Belleville, j'avoue que je fus étonnée, en entrant ici, de la somptuosité et de la pompe de cette antique demeure, de la beauté de ses jardins et de son parc, et du nombreux domestique qui se trouvait assemblé pour nous recevoir.

Combien je fus émue et pénétrée de reconnaissance en retrouvant, au milieu de ce cortège, les femmes de chambre de ma mère, que mon mari savait que je regrettais, et qu'il avait fait chercher partout ! Avec quelle délicatesse monsieur de Montalban sait obliger !.... Ah ! Julie, que n'ai-je connu cet homme quelques années plus tôt !

J'espère que, maintenant que je suis installée ici, tu réaliseras la promesse que tu m'as faite d'y venir passer quelque temps. Ta mère est mieux, elle a pour tout l'été une de ses amies avec elle. Profite-s-en pour venir ; car j'ai beaucoup de choses à te dire, que je ne puis te détailler par écrit.

Cet immense édifice a conservé sans altération jusqu'ici cette architecture gothique, chef-d'œuvre des siècles reculés, que ses murs épais, ses tours crénelées et ses portes massives ont su braver. L'ensemble a quelque chose de majestueux, de religieux même, que j'aime, qui empreint l'âme de grandes pensées, et qui la dispose au recueillement. Je méditerai souvent dans ces longues et sombres galeries sur la bizarrerie, la futilité et l'inconstance de nos goûts modernes.

J'éprouvai beaucoup de peine pendant le trajet. Il me semble que mon cœur n'est pas encore suffisamment dompté, puisqu'il souffrit autant en abandonnant l'humble asile de mon père; et peut-être quelques souvenirs, qu'en vain je cherchais à repousser, vinrent-ils se mêler à ces regrets. Lorsque ma voiture passa la dernière barrière, je n'osai, malgré l'envie que j'en avais, jeter un regard en arrière pour considérer une dernière fois cette retraite, et je fus réduite à porter furtivement un regard de côté à travers les glaces, sur les objets qui m'étaient familiers et auxquels je faisais mes adieux. Ah ! Julie, ma mère vivrait peut-être encore si elle eût pu prévoir que cet asile nous eût été conservé; et la crainte d'en voir arracher mon père contribua sans doute à abréger ses jours !

J'étais placée près de lui. J'avais devant moi madame de St.-Florent et monsieur de Montalban. J'aurais voulu cacher mon émotion ; mais je l'essayai vainement, tous les yeux étaient fixés sur moi, et elle dut faire sur chacun une impression bien différente.

Notre petit berger, bien endimanché, nous ouvrit cette barrière. Il tenait à la main son chapeau, dont la forme, pour nous faire honneur, était ornée de rubans. Monsieur de Montalban y jeta en souriant quelque argent, dont le poids occasiona une secousse qui détacha et fit tomber la touffe de rubans, que la roue en passant foula et couvrit de fange. Monsieur de Montalban me sembla pâlir; il n'est cependant pas superstitieux, je ne le suis pas davantage ; et malgré cela je partageai le désordre qu'il ressentit. Nous nous regardâmes ; mais bientôt confus d'éprouver la même impression, nous baissâmes les yeux, comme pour cacher le trouble que nous éprouvions. Nous entendîmes de loin les bénédictions de l'enfant, dont en ce moment j'enviais le sort, et ce fut avec quelque difficulté que je parvins à retenir mes larmes.

Nous arrêtâmes pour dîner à une fort jolie métairie, qui appartient à monsieur de Montalban. La réunion de notre cortège, la joie d'un grand nombre de vassaux assemblés, vinrent faire diversion à mes pensées. La gaieté piquante de madame de St.-Florent vint encore à mon secours. Elle faisait tous les frais de la conversation, et il me suffisait de sourire de temps en temps, ou de donner seulement un signe d'approbation, pour être dispensée de répondre.

J'aurais désiré que notre voyage eût été plus long et plus rapide ; beaucoup de souvenirs douloureux se seraient ensevelis sous le mouvement accéléré des roues de la voiture. Mais monsieur de Montalban voulut mettre à ce court trajet toute la pompe et le faste espagnol. Il aurait craint sans doute, en employant moins de cérémonial, de donner lieu de croire à ses gens, qui sont tous Castillans, qu'il traitait légèrement celle qu'il venait de leur donner pour maîtresse. Quoi qu'il en soit, nous mîmes toute la journée à faire ce trajet, et nous n'arrivâmes chez lui que très tard. Il est vrai que nous fûmes considérablement retardés par les hommages et les complimens qu'il nous fallut recevoir de tous ceux qui tenaient nos biens situés sur la route que nous avions à parcourir. Il y avait enfin dans cette marche presque triomphale quelque chose de fastueux qui me gênait, qui m'était à charge, mais qui paraissait plaire beaucoup à monsieur de Montalban.

Je laisse à Ursule, qui est enchantée du joli cadeau que tu lui as envoyé, et des complimens que tu lui as fait faire sur son style, à te donner les menus détails; car je t'avoue que je ne m'en sens pas le courage.

Nous arrivâmes enfin au château environnés de la foule de paysans qui s'était grossie de village en village, et qui, le fusil sur l'épaule, faisait à chaque halte des salves de mousqueterie. Nous entrâmes par une magnifique avenue brillamment illuminée, ainsi que tout le château, et nous fûmes reçus dans la première enceinte par un grand nombre de domestiques portant des torches. En traversant ces voûtes épaisses, ces ponts-levis, ces portes massives et les vastes cours qui les séparent, mon cœur se serra, et je crus entrer dans mon tombeau. Lorsque nous lisions jadis ensemble, Julie, ces ouvrages intéressans qui nous rappelaient les antiques demeures, les usages chevaleresques et les mœurs pures de nos pères, te souviens-tu du plaisir que ces lectures nous faisaient éprouver? Pourquoi donc ces tableaux ne me plaisent-ils plus autant aujourd'hui qu'ils se rapprochent? Est-ce faiblesse ou prévention? Je n'en sais rien; mais lorsque plusieurs laquais espagnols, au teint livide et basané, au maintien sombre et hypocrite, se présentèrent le visage ombragé d'une épaisse moustache, et qu'ils ouvrirent ma portière, je frémis, Julie, et je crus, oui, je crus, en descendant au milieu d'eux, que je me livrais dans les mains des bourreaux. Je m'en veux beaucoup. Tu trouveras sans doute ces idées bien ridicules; mais aussi ma tête et mon cœur sont bien malades. Plains-moi, mon amie, et viens vite m'aider à les remettre, car ils en ont besoin. Mes rêves, depuis mon arrivée ici, sont affreux ; et tandis que je t'écris dans le silence et loin du tumulte, il me semble que la grosse horloge, qui est placée sur la principale porte et qui annonce maintenant la nuit, sonne l'agonie, la dernière heure de ton Isaure. Oh ! viens, Julie, viens près de moi ; et tous ces fâcheux pressentimens, toutes ces chimères et toutes ces craintes s'évanouiront avec mes songes.

Je m'attends à tes plaisanteries sur ces terreurs. Rappelle-toi ces soirées intéressantes que nous prolongions bien avant dans la nuit. Comme tu me plaisantais, lorsque je te disais que j'étais convaincue que je devais périr jeune et d'une mort violente ; et comme tu cherchais alors à me rassurer, en prétendant que, loin de là, j'étais au contraire destinée à voir ma troisième génération ! Eh bien ! Julie, je sens tout le ridicule de ces pressentimens, sans avoir la force de m'en défendre. Je n'en crains cependant pas le résultat. Pourquoi désirerais-je en effet de vivre long-temps? Si nous réfléchissions aux calamités qui nous environnent, et au grand nombre de victimes qu'elles moissonnent, loin de considérer la vie comme un bienfait, nous envisagerions la mort comme un refuge.

Mais si la philosophie nous conduit à ce raisonnement, la religion, mon amie, le condamne. Elle nous apprend à porter nos espérances au-delà de notre dissolution, à regarder les peines de ce monde comme des épreuves nécessaires, et à trouver dans les chagrins, dont la vie est parsemée, des motifs fondés pour espérer un dédommagement dans l'avenir. Elle a dissipé l'obscurité qui couvrait les tombeaux de nos pères, et en place du vide affreux qu'ils présentaient, et où régnaient l'incrédulité et le désespoir, elle a placé une perspective consolante qui nous soutient contre l'adversité, qui nous soulage dans l'affliction, et près de laquelle toutes les jouissances de ce monde sont de peu de valeur.

Je distinguerai cependant toujours celle que me procure ton invariable amitié dont je sens tout le prix. Conserve-la-moi, Julie, elle est devenue indispensable à mon existence. Adieu.

LETTRE XXVI.

Ursule à Julie.

Mademoiselle,

Madame la comtesse me permet de vous donner les détails de tout ce qui a suivi son départ de chez monsieur son père pour se rendre au château de Montalban. Elle a daigné me communiquer l'article de votre lettre par lequel vous lui dites que mes précédentes vous ont fait plaisir, et que vous en aurez encore, si, dans cette circonstance, je continue de vous instruire de beaucoup de choses qui échappent à madame, qui est déjà assez occupée.

Je prends donc la plume avec empressement, d'abord pour vous remercier du joli cadeau que vous avez bien voulu m'envoyer. En vérité, mademoiselle, vous ne me deviez rien pour la peine que vous dites que j'ai prise; je n'ai fait que mon devoir ; je suis trop heureuse d'avoir pu vous être utile, et l'honneur d'écrire à une dame telle que vous me flattait tant, que je ne devais guère m'attendre qu'il m'attirât encore une récompense.

Pour revenir, je vous dirai que si la noce n'a pas fait grand bruit, rien au moins n'a été plus brillant que notre départ. Nous étions précédés par plusieurs voitures chargées des bagages de madame. Une berline venait ensuite dans laquelle j'étais placée avec Leblanc, qui a une bonne pension, qui n'est plus domestique, et qui va être le factoton de M. d'Aubignie. C'est ainsi qu'il récompense ce brave homme de son attachement et de son dévouement pour lui. Nous avions avec nous le secrétaire et l'intendant de M. de Montalban, tous deux Espagnols; mais, par parenthèse, je n'aime pas du tout le premier avec son air en dessous et arrogant.

Ce qui me déplaît encore en lui, et ce qui déplairait à coup sûr bien davantage à M. de Montalban, s'il s'en apercevait, c'est la manière très-particulière dont ce secrétaire ose quelquefois considérer madame. Ce sont des soins très-empressés et presque galans qu'il essaie de lui rendre. Je serais presque tentée de croire qu'il en est....; mais c'est par trop ridicule, et je ne puis m'arrêter à cette idée. Cependant il faut bien que madame s'en soit aperçue comme moi; car elle repousse ces attentions et ces œillades avec un tel dédain, que la morgue de cet Espagnol en est parfois déconcertée, et qu'il paraît en prendre de l'humeur. Elle a ma foi bien raison de le traiter ainsi ; car, tout jeune qu'il est, et fortune à part, je lui préférerais encore M. de Montalban, si j'avais à épouser l'un ou l'autre.

Deux autres berlines suivaient avec les parens et les amis qui avaient assisté à la noce. Une quatrième venait ensuite avec M. et madame la comtesse de Vassy, cousins germains de M. de Montalban. Enfin une cinquième voiture très-magnifique contenait les nouveaux mariés, le père de madame, et madame de Saint-Florent; et le cortège était fermé par un grand nombre de vassaux qui suivaient à cheval.

L'on nous engageait à nous arrêter à chaque village pour nous haranguer et nous saluer avec des décharges de mousqueterie, au point que nous en étions étourdis, les chevaux épouvantés; et il n'y avait certainement rien de plus beau.

Ne voilà-t-il pas qu'un drôle de corps de bailli, qui s'avançait pour débiter son compliment, s'imagine que la mariée doit se trouver nécessairement dans la première voiture, me prend pour elle, et se met à me débiter sa harangue. Je vous laisse à penser quels yeux je lui faisais. J'en étais confuse au point de ne pouvoir l'interrompre; il allait toujours, et arriva jusqu'au bout à la grande satisfaction de Leblanc, qui riait de tout son cœur, tandis que les deux Espagnols avec leurs moustaches avaient l'air de deux chats fâchés. Ce n'est pas tout; le pauvre bailli, désabusé et prévenu que madame était derrière, me quitta en m'assurant que si je n'étais pas la mariée, je ne tarderais sûrement pas à l'être, et qu'un de ces messieurs qui m'accompagnaient se trouverait sans doute fort heureux de me prendre pour sa femme; ce qui fit froncer le sourcil au secrétaire, et faire une grimace horrible à l'intendant. Le bailli peut bien avoir raison en prédisant que je me marierai, et je lui en sais bon gré ; mais ces messieurs, avec leurs figures tannées et leurs noms baroques, ont tort de faire tant les difficiles ; car Ursule Hiard, quoique née et élevée au village de Saint-Inglevert, mourrait plutôt fille que d'épouser l'une ou l'autre de ces figures hétéroclites.

Je croyais ce malheureux bailli à la voiture de madame. Pas du tout, mademoiselle ; j'entends rire derrière moi ; je mets la tête à la portière, et ne voilà-t-il pas que je l'aperçois qui débitait son compliment à madame de Vassy, très-jeune, très-jolie et très-élégamment mise. Il était déjà plus d'à moitié, quand elle l'interrompit pour lui dire qu'il y avait quatre ans qu'elle était mariée. Pour le coup, je crus que cet acharné complimenteur allait lâcher prise et regagner son village avec sa suite ; mais loin de là. Ayant aperçu M. le comte de Montalban dans la dernière voiture, il y courut aussitôt. Madame de Saint-Florent qui, malgré son âge, est folle de gaieté, et qui était au fait de ce qui venait de se passer, lança la tête hors de la portière, et se présenta comme si elle eût été la mariée. Lorsque le malheureux bailli aperçut cette figure sèche et ridée, pour cette fois il perdit courage; il commença à s'apercevoir qu'on se moquait de lui, et il allait se sauver fort en courroux, lorsque ma maîtresse, qui est la bonté même, ayant fait reculer madame de Saint-Florent, se montra avec la grâce que vous lui connaissez, en témoignant au bailli la part qu'elle prenait à sa mésaventure. Celui-ci, enhardi par un coup-d'œil de M. de Montalban, reprit courage, recommença pour la quatrième fois sa harangue, et s'en tira enfin à son honneur. Cette scène plaisante nous amusa jusqu'à notre arrivée; et, excepté les Espagnols, tout le monde en riait à s'en tenir les côtés.

En pénétrant dans le château, je crus que nous entrions dans une forteresse ; et s'il n'avait pas été éclairé comme une lanterne, il m'aurait fait peur, comme il me le fit le lendemain lorsque je le vis au jour. Imaginez, mademoiselle, de grosses tours noires et tapissées de lierre ; des bâtimens immenses éclairés par des fenêtres gothiques à vitreaux peints, qui leur donnaient au dehors l'apparence d'une vieille cathédrale ; ensuite des galeries sans fin, des cours à s'y perdre, et surtout cela des grilles et des portes qui s'ouvrent et se referment avec un bruit effroyable. Il faut en vérité que je sois bien attachée à madame pour être venue m'enfermer ici avec elle, et au milieu d'une foule de gens parmi lesquels il n'y a pas une seule figure riante et de bonne humeur, qui savent le français et ne veulent pas le parler, et qui n'ont pas un mot d'honnêteté ou de galanterie à vous dire. Je dois cependant, pour être juste, convenir que celui qu'ils appellent le majordome est plus traitable, qu'il paraît s'occuper un peu de moi, et qu'il a même joué de la guitare et chanté la nuit sous mes fenêtres. A cela près ils sont tous magnifiquement vêtus; la grande livrée est éblouissante; mais aussi, je ne connais pas d'hommes qui aient autant besoin d'être parés que ceux-ci. M. le comte est servi comme un potentat; tous ses gens tremblent devant lui, et osent à peine le regarder en face.

Ce n'est, depuis quinze jours, que repas, fêtes et divertissemens de toute espèce qui viennent fort à propos pour distraire madame qui n'est pas gaie du tout. M. le comte, pour lui faire plaisir, va renvoyer tous ces domestiques en Espagne, où il a de fort belles terres. Il ne gardera que son secrétaire auquel il paraît tenir beaucoup, et réellement je ne sais pas pourquoi, son intendant et le majordome. Il va prendre des Français; il va faire remettre à neuf le château, et le meubler dans le dernier goût, ce qui lui donnera un air de gaieté dont il a vraiment besoin; car je meurs de peur lorsque, pour me rendre de mon appartement à celui de madame, il faut traverser une longue galerie où l'on voit à peine clair en plein midi, parce que les vitres représentent tout le martyrologe, sans oublier le massacre des innocens. L'on va bâtir dans le parc une jolie chaumière pour la bonne Lasune, et Lesauvre et sa famille doivent venir soigner les jardins.

A cela près, la vie que l'on mène ici est fort agréable; il y a toujours du monde, et je suis à concevoir comment madame ne s'y amuse pas davantage. Elle est souvent seule dans son appartement à faire je ne sais quoi. Elle se retire de bonne heure, et me prend avec elle pour lui faire des lectures ; mais elle choisit des livres si tristes, si tristes, qui nous attendrissent tellement, que nous sommes obligées de suspendre ; et que quand je vais me coucher j'ai le cœur serré au point que je suis quelquefois deux heures avant de pouvoir m'endormir.

L'ennui finirait par me gagner si je n'aimais autant madame, et si je ne m'amusais à faire endéver ces Espagnols, et à faire soupirer le majordome. La vieille Béatrix, qui gronde toujours, prétend que cela n'est pas bien, et que je suis une coquette. Cela peut être vrai à un certain point ; qu'elle soit pourtant sans inquiétude, car je n'aimerai jamais un Espagnol. Ils ont l'air d'être plus propres à faire des geoliers que des époux. On assure d'ailleurs qu'ils sont très-jaloux et très-vindicatifs. Je serai sans doute fidèle à mon mari ;

mais je ne veux pas m'exposer à être étranglée, parce que sans y penser j'aurai regardé passer un homme dans la rue.

Voilà, mademoiselle, bien des choses aimables que je vous apprends là de M. de Montalban, et qui doivent le faire aimer encore davantage. Ajoutez à tout ce qu'il fait de galant pour madame d'avoir acheté un fort bel hôtel à Paris, dans votre voisinage, où l'on ira passer tous les hivers, et vous conviendrez que ce mari-là n'est pas du tout Espagnol.

M. d'Aubignie se dispose à retourner chez lui avec madame de Saint-Florent. J'en suis fâchée, parce que cela va me priver de la société de ce bon Leblanc que j'aime tant, malgré son âge, à cause de son bon cœur et de son attachement à son maître, que, s'il me demandait en mariage, je crois que je l'épouserais de préférence à tous les Espagnols du monde.

Pardonnez la longueur de cette lettre. Vous m'avez enhardie à laisser courir ma plume en disant à madame que mon bavardage vous amusait; c'est ce qui fait que j'ai osé m'abandonner un peu à mes idées, et vous mander tout ce qui s'est présenté à mon esprit. Excusez la liberté que j'ai prise, et croyez que j'ai l'honneur d'être avec un profond respect,

MADEMOISELLE,

Votre très-humble et très-obéissante servante,

URSULE HIARD.

Nota. Le lecteur sera sans doute surpris de trouver ici réunies les lettres d'Alphonse de Moronval, lorsque plusieurs d'entre elles, d'après l'époque où elles ont été écrites, auraient dû précéder la plupart de celles qu'on vient de lire : mais on les a trouvées disposées dans cet ordre, et l'on n'a pas cru devoir le changer. Il est vraisemblable qu'on ne s'est décidé à les réunir que pour éviter d'affaiblir, en les séparant, l'intérêt qu'inspirent les malheurs de l'inestimable Isaure jusqu'à l'époque de son mariage : on se convaincra aisément que cet intérêt existe moins dans les événemens que dans l'effet qu'ils produisent sur les personnages qui figurent dans cet ouvrage, et que la transposition de leurs lettres devient alors un objet absolument indifférent.

LETTRE XXVI.

Alphonse de Moronval au chevalier d'Arcy.

A bord du Dauphin.

Nous sommes sous voile..... Nous descendons la Gironde..... Le pilote va nous quitter.... Tu viens, mon ami, de te séparer de moi. J'aperçois encore dans le lointain la barque qui t'emmène; ses voiles pâlissent dans l'horizon; et l'œil sec, le désespoir dans le cœur, te pressant la main en silence, je t'ai vu partir sans avoir eu la force de te parler d'Isaure, sans avoir eu celle de prononcer son nom!

Ah! si l'on pouvait mourir de douleur j'aurais déjà cessé de vivre!

Écris-moi, au nom du ciel; écris-moi. N'attends pas pour le faire que je sois arrivé à la Martinique; n'attends pas que tu aies reçu de mes nouvelles. Que chaque navire qui dès aujourd'hui mettra à la voile pour cette île m'apporte une lettre de toi.... Une seule ligne qui me parle *d'elle*, qui me dise qu'elle est bien..... Ton ami te demande cette grâce comme s'il te demandait la vie.

Le temps, l'éloignement, de nouveaux objets ne peuvent rendre le calme à mon cœur. Tes lettres seules peuvent adoucir mes peines et me conserver l'existence.... D'Arcy! cette existence est maintenant dans ta main, et ta plume est le talisman qui doit en prolonger ou en interrompre le cours.... C'est peu de mourir; mais périr d'inquiétudes et de chagrin, être sourdement miné par le désespoir, c'est expirer mille fois de la mort des réprouvés.

Écris-moi aujourd'hui, à l'instant. Peut-être ta lettre me parviendra-t-elle le jour même de mon arrivée. Plusieurs bâtimens devaient nous suivre; quelques-uns peuvent être meilleurs voiliers que nous; et alors, si ma situation te touche, je puis en arrivant trouver ce qui seul peut me conserver à la vie.

Mande à ton fermier, qui habite si près de l'asile des d'Aubignie, de se faire informer très-exactement par la bonne Lasune de tout ce qui a rapport à Isaure, de tout ce qui touche à elle et aux siens.

Mon ami, je tremble pour cette famille intéressante. Je sais que les affaires de M. d'Aubignie ne sont pas entièrement terminées, et je crains qu'il ne puisse même conserver l'humble asile où il s'est retiré..... Quoi! Isaure, l'incomparable Isaure ne trouverait pas un toit de chaume pour couvrir une tête faite pour porter un diadême!.... Et si elle venait mal-

heureusement à perdre ses parens!....
Cette idée m'accable!.... Seule, sans appui et sans guide, que deviendrait-elle ?
Ah! en ce cas, mon ami, vole vers elle avec ton père; protège-la; remets-la dans les bras de l'amitié; conduis-la dans ceux de la bonne, de la sensible Julie.

Le pilote me presse..... Il m'arrache cette lettre..... Elle touchera ce soir le sol français; et moi!.... et moi!.... Adieu, d'Arcy. Souviens-toi que tu es le seul chaînon qui me lie à mon Isaure, à ma patrie, à tout ce qui m'est cher, à tout ce qui m'attache au monde, et que le briser c'est me donner la mort.

LETTRE XXVII.

Le même au même.

Du Fort-Royal à la Martinique.

Après une traversée longue et orageuse, nous sommes enfin, mon ami, heureusement arrivés au port. Je me flattai souvent qu'un sort pitoyable, touché de mes malheurs, avait excité la tempête afin de m'ensevelir dans l'abîme. Vain espoir ! Ah ! je n'aurais pas regretté la vie, si en mourant j'eusse emporté la certitude qu'Isaure eût été heureuse. Ne crains rien, d'Arcy, je n'attenterai pas à mes jours. C'est une lâcheté dont je suis incapable. Je suis écrasé sous le fardeau de mes peines ; mais je ne crois pas qu'il me soit permis de m'en délivrer.

Un navire, qui se trouve à peu de distance du nôtre, est prêt à mettre à la voile. Il n'y a pas un seul individu à bord sachant écrire qui ne soit actuellement occupé à instruire sa famille ou ses amis des dangers qu'il a courus et qui sont heureusement terminés.

Hélas! d'Arcy, le nombre de ceux à qui je dois ces détails est malheureusement bien petit! Je viens d'annoncer mon arrivée à monsieur d'Aubignie; je t'en fais part maintenant, et ces devoirs remplis, je ne connais personne en France à qui je sois autorisé à adresser une seule ligne.

Je mets cependant une bien grande différence entre les deux individus à qui je viens d'écrire. Monsieur d'Aubignie a droit à mon attachement et à ma reconnaissance; mais j'éprouve pour toi, mon ami, un sentiment bien plus vif et bien plus tendre. Monsieur d'Aubignie m'a à la vérité servi de protecteur et de père; mais toi! tu as constamment été pour moi l'ami le plus dévoué, le consolateur le plus zélé, le dépositaire le plus fidèle des peines de mon cœur, et c'est ce cœur qui, sympathisant avec le tien, t'a nommé mon frère adoptif.

Tu te rappelles, d'Arcy, notre cruelle séparation. Tu ne voulus pas me dire le dernier adieu avant que le navire n'eût levé l'ancre; et si par-là tu cherchas à nous éviter de la peine, tu fis bien; car le tumulte du départ, le bruit des manœuvres et les cris des matelots, suspendirent pour un instant les sensations douloureuses qui me torturaient, et que le silence et la solitude développent toujours avec une bien dangereuse énergie.

Je n'eus que trop de loisir de me livrer à mes réflexions, lorsque le soir je me retirai dans mon petit réduit. J'invoquai en vain le sommeil qui aurait pu adoucir mes chagrins; il ne vint pas, et j'avoue que je craignis d'être exaucé. Vers minuit il me devint impossible de rester plus long-temps sur ma triste couche; je me levai et je montai sur le pont. Le vent, depuis notre départ, avait été très-favorable; et quand il aurait fait jour, nous étions trop au large pour pouvoir apercevoir encore les côtes de France, auxquelles il me semblait avoir dit la veille un éternel adieu. La lune était belle, le ciel étoilé et aucun bruit, si ce n'est le frémissement de la vague que sillonnait notre vaisseau, ne venait interrompre mes sombres méditations.

Mon éloignement de ma patrie me paraissait un songe! Je ne pouvais concevoir que vingt-quatre heures se fussent déjà écoulées depuis nos derniers adieux. Je me rappelai mille choses intéressantes que j'aurais voulu te dire, et que la douleur que j'éprouvai me fit totalement oublier. Je les confiai involontairement au vent qui les emporta ; je m'aperçus que l'on m'écoutait, et je craignis que l'on ne me prît pour un insensé.

Il y a surtout un sujet, mon ami, dont je voulais t'entretenir, que j'étais loin d'oublier, qui au contraire me fit oublier tous les autres, mais sur lequel ma langue paralysée refusait de s'exprimer. Il pesait tant sur mon cœur que j'en étais oppressé, et que je n'avais pas la force de me délivrer d'un semblable fardeau. J'ouvris plusieurs fois la bouche ; mais les paroles expirèrent sur mes lèvres, et je pensai me trouver mal des efforts que je fis pour parler, à l'instant où l'on vint t'avertir qu'il était temps de me quitter.

Ai-je besoin de te dire que je voulais t'entretenir une dernière fois d'Isaure !....

Isaure d'Aubignie! Sens-tu comme moi toute la magie qui accompagne ce nom? Ah! puisses-tu ne ressentir jamais une si douloureuse influence! En le traçant ma main tremble, mes artères se gonflent, mon cœur bat avec violence, mon sang circule avec une effrayante rapidité; le désordre que j'éprouve est inexprimable!

D'Arcy! tu as été le confident de mon bonheur, tu l'as été de mes peines: eh bien! sois-le encore de mon désespoir. Tu as vu naître cet amour qui promettait une autre issue; pleure avec moi son funeste résultat. Où trouver des expressions pour peindre mon infortune! Ah! elles sont toutes pour la joie, pour le plaisir, et le désespoir est muet.

Avoir connu Isaure, et la quitter! l'avoir aimée, et s'en séparer! avoir conçu l'espoir de la posséder, et la perdre! avoir passé à ses côtés les plus belles années de sa vie, et aller en consumer les tristes restes au bout du monde! Pleurer, gémir, se désespérer, et mourir sans la revoir, voilà le sort affreux qui m'est réservé!..... Ah! d'Arcy, les tourmens de l'enfer sont dans mon cœur!... mes pleurs coulent avec tant d'abondance que je ne vois plus ce que j'écris..... Attends, mon ami,.... attends un instant et j'essaierai de poursuivre.

Je t'ai beaucoup parlé *d'elle*, je t'ai beaucoup écrit sur *elle*; et cependant tu ne concevras jamais quelle est la violence de l'amour qu'elle m'inspire. Qu'est en effet, près de ce que je ressens pour elle, tout ce que j'ai connu, lu ou entendu sur cette fatale passion! Ah! on en profane le nom, on examine froidement ses impressions, on raisonne sur ses effets, on croit aimer...... Oh! vous qui parlez tant et si légèrement d'amour, venez contempler sa victime, descendez, s'il se peut, dans mon cœur; là il règne en despote et sans partage; là il a établi son empire; là il a rassemblé tous ses feux...... Non, il ne peut exister ailleurs avec la même violence;.... non, nul ne peut aimer comme j'aime Isaure!

Je croyais avoir épuisé la mesure de mes chagrins, et cependant le plus poignant, après la perte d'Isaure, m'attendait au dernier point de cette terre où je venais de l'abandonner. Nous voguions, déjà nous quittions la Gironde, le jour baissait, lorsque mes yeux, fatigués de fixer les côtes de France, aperçurent au milieu des flots, qui la battaient de toutes parts, la tour de Cordouan. Je fus frappé comme de la foudre! Je me rappelai aussitôt que, dans des temps plus heureux, ayant fait avec Isaure et son père un voyage à Bordeaux, nous vînmes visiter cette tour, et que nous y passâmes l'après-midi avec une charmante société.

8.

Montés tous deux au point le plus élevé de ce phare étonnant, et penchés sur la galerie qui le couronne, je considérais avec mon amie les flots irrités qui, en se brisant avec violence autour de lui, semblent menacer sa base, et ce spectacle imposant nous frappait de terreur. « Ah! voilà bien, Alphonse, me dit Isaure, « l'image du cœur humain, constamment « assailli par la violence des passions qui « l'assiégent! »

En considérant hier cette galerie sur laquelle Isaure et moi nous nous étions appuyés, en jetant un dernier regard sur cette tour, en lui disant un éternel adieu, mes pleurs furent grossir la vague écumante qui menaçait de l'engloutir. Je me rappelai l'époque heureuse où nous l'avions visitée; et le présage funeste qu'elle nous avait alors offert, et que nous avions été loin d'apprécier, vint dans ce moment me frapper avec une force acca-

blante. « Ah ! m'écriai-je avec amertume,
« ces flots impétueux, en frappant le ro-
« cher qui nous portait, n'annonçaient
« que trop les coups affreux qu'un sort
« impitoyable porterait un jour à notre
« bonheur, à notre innocent amour ! »
J'ai entendu leurs mugissemens; ils re-
tentissent encore au fond de mon cœur.

Peut-on être plus à plaindre que ton
ami? Ah! je fus en naissant condamné au
malheur, et je remplis ma destinée ! Tu
connais mes infortunes, et loin que le
temps les adoucisse, je les sens aussi vivement encore que lorsqu'elles vinrent
m'accabler.

Je m'informai en descendant à terre
s'il y avait des lettres pour moi. Il n'y en
a aucune; cependant un navire parti deux
jours après nous nous a devancés. Peut-
être en recevrai-je par le premier qui ar-
rivera, car je sais que je puis compter sur
ton exactitude et sur ton amitié. Que cha-

que bâtiment qui mettra à la voile pour la Martinique m'apporte de *ses nouvelles*. Dis-moi qu'elle est bien, qu'elle est libre, que ses parens sont tranquilles. C'est maintenant la seule consolation que tu puisses m'offrir.

Un particulier vient de faire demander à l'auberge où je suis descendu, et où j'ai dû donner mon nom, si je suis en effet Alphonse de Moronval; qu'en ce cas il me présentait ses complimens, et me demandait l'honneur de me rendre visite. J'étais à peine débarqué, et je fus surpris d'être déjà connu dans ce pays. Je fis répondre que j'étais effectivement Alphonse de Moronval, neveu du colon de ce nom, que j'étais prêt à recevoir la personne qui s'annonçait. Je l'attends.

Ce particulier est un capitaine de navire au service de mon oncle qui jadis est venu me voir de sa part, et m'apporter de ses nouvelles lorsque je résidais à Belleville. Son bâtiment est dans ce port, et il avait l'ordre d'attendre mon arrivée pour me conduire à l'habitation de M. de Moronval, qui est à quelque distance dans les terres. Il me montre beaucoup d'égards et d'empressement, et me témoigne le zèle qu'il doit, dit-il, au neveu de celui qu'il sert, et qui est destiné à le remplacer un jour. Il m'annonce que mon oncle m'a envoyé des chevaux et des esclaves, qu'ils sont prêts, que nous nous mettrons en route quand il me plaira, que mes bagages suivront, et nous nous disposons à partir. Il me fit part de l'inquiétude qu'avait éprouvée mon oncle, dont la santé est très-chancelante, que je ne fusse péri dans une tempête qui a englouti beaucoup de bâtimens dans leur traversée, et qui en effet nous a mis souvent dans le plus grand danger de périr.

Je pars. Tu ne tarderas pas à apprendre les détails de ma réception. En attendant pense à ton ami. Que ne donnerais-je pas pour être certain qu'Isaure s'occupe de moi ! Que cela soit ou non, instruis-moi bien exactement de ce qui la concerne. Dis-moi tout sans aucun ménagement, même les choses que je puis craindre, et que je n'ose te demander. Tes lettres me rapprocheront pour un moment d'Isaure, de ma patrie, de toi-même; mais elles ne me rendront jamais au bonheur. Adieu.

LETTRE XXVIII.

Le même au même.

Voila à peine huit jours, mon ami, que je suis arrivé, et j'ai déjà bien des choses à t'apprendre. Je me trouve quelquefois distrait malgré moi de mes chagrins par la nouveauté des objets qui m'environnent. Mœurs, usages, climat et productions, tout est nouveau pour moi, tout diffère de ce que j'ai vu jusqu'ici. L'habitation où réside mon oncle, car il en a plusieurs, est tellement étendue, qu'il me faudra un certain temps pour la bien connaître. C'est une des plus considérables de l'île, et ses produits, arrachés au travail forcé de trois cents esclaves, sont immenses. A peine ai-je pu parcourir les alentours; on ne me laisse pas un moment à moi-même, et le temps qui s'est écoulé depuis mon arrivée a été entièrement employé à faire et à recevoir des visites, à répondre à d'inutiles questions, et à satisfaire une indiscrète curiosité. En vain ai-je voulu me dérober à cette étiquette fatigante; mon oncle m'a entraîné, il a fallu obéir.... Je ne suis plus à moi.

Le premier coup d'œil que j'ai jeté sur ce pays ne lui a été rien moins que favorable, et ma situation actuelle contribue peut-être à le rembrunir. La nature, encore vierge sous ce brûlant climat, est pleine de vigueur, et ne demande qu'à produire. Mais du côté des colons je ne vois en général qu'ostentation, luxe effréné, mollesse honteuse, abus des jouissances, satiété des plaisirs, inhumanité froide et réfléchie à l'égard des esclaves;

et du côté de ceux-ci, dégradation, souffrances, épuisement, tortures et désespoir. Pour te donner en peu de mots la juste mesure du sort infortuné de ces esclaves, il suffira de te dire que plusieurs colons ont établi en principe qu'il est plus profitable d'user un nègre en six ans et d'en racheter un autre, que de ménager ses forces, de le bien traiter, que d'économiser enfin ce qu'il coûte en le faisant vivre davantage. Odieuse spéculation! qui frappe en quelque sorte les esclaves de stérilité en leur faisant appréhender de donner le jour à d'autres malheureux, tandis que leurs maîtres, craignant que les soins qu'exige la paternité ne fassent languir le travail, préfèrent de renouveler la race qu'ils éteignent à l'avantage de la voir se reproduire. Ah! d'Arcy, je ne trouverai jamais ici un individu de qui il me sera possible de faire un ami, ni avec lequel je pourrai même sympathiser. Non seulement je sais que je ne peux espérer de te remplacer, mais je suis encore convaincu que ce serait te faire injure que de l'entreprendre. Tu m'as gâté ; on ne rencontre pas dans la vie deux amis tels que toi.

Que faire dans l'état malheureux où je me trouve ? Me résigner ; car je ne m'aperçois que trop que je dois apprendre maintenant à imposer silence à mon cœur, à oublier des sensations qui ont fait mes délices, à soumettre mes sentimens aux convenances, à ployer ma fierté devant l'usage ; mais quoi qu'il puisse arriver, jamais je ne ferai fléchir la vertu devant l'intérêt.

Sur quel théâtre, mon ami, et au milieu de quelles gens suis-je donc venu tenter de captiver la fortune ! S'il faut, pour la fixer, devenir aussi égoïste, aussi insensible que ceux qui m'entourent.......... je renonce pour jamais à ses bienfaits.

Mais, est-il donc possible que je me trouve en effet exposé à un semblable danger ? Malgré tout ce que tu m'as dit à cet égard, j'ai peine encore à me le persuader; et je trouve que le mépris que nous inspirent les hommes, nuit souvent à la confiance et au respect que nous devons à la vertu. A la vérité, la fortune est tout ici; elle seule détermine le degré de considération dont on y jouit. La conduite, les mœurs et les talens n'y sont rien sans elle; mais il m'en coûte de supposer que le cœur y soit entièrement fermé à tout ce qui est bon, généreux et sensible. Oh! non; l'homme ne se déprave pas si facilement. Son propre intérêt pose des bornes à ses écarts, et l'égoisme lui-même est peut-être la plus sûre garantie des vertus sociales.

Je saisis l'instant où tout le monde repose pour t'écrire, pour soulager mon cœur, pour te mettre à même d'apprécier ma situation et pour te faire connaître mon oncle.

Cadet de famille, ne possédant rien, lorsque mon père, comme aîné, avait hérité des titres et des biens de ses ancêtres, réduit à être l'artisan de sa fortune, le chevalier de Moronval ambitionna de la rendre telle, qu'elle éclipsât celle dont sa naissance l'avait privé. Il accompagna à la Martinique monsieur de ✱✱✱, qui venait d'en être nommé gouverneur, qui avait beaucoup d'amitié pour lui, et qui ne tarda pas à lui faire épouser une riche créole. Elle lui fit, par contrat, des avantages considérables, et mourut deux ans après, sans lui avoir donné d'enfans. Son mariage n'avait pas été heureux, et il crut avoir payé assez cher la fortune qu'il avait acquise, pour ne pas désirer de l'accroître encore au même prix. Il se voua au célibat, et préféra, malgré l'impatience qu'il éprouvait de devenir opulent, le moyen beaucoup plus lent d'y parvenir par la culture et le commerce, au danger d'un second mariage et au malheur de rencontrer peut-être une femme telle que la première.

Tout lui réussit. Il se vit en peu d'années le colon le plus riche de la Martinique, et son amour-propre et son ambition se trouvèrent satisfaits. Comme il n'avait désiré les richesses que pour en jouir et s'en faire honneur, il devint prodigue et fastueux, et effaçait en luxe tout ce que la colonie offrait de plus étonnant en ce genre. Véritable sybarite, il accordait tout à ses goûts, à ses fantaisies, à ses plaisirs, et jouir devint bientôt sa principale étude. Sa maison était le point de réunion d'une société nombreuse et brillante ; on y donnait fréquemment des repas et des fêtes, et soit faste ou bienfaisance, ce que je n'ai pu encore bien distinguer, sa bourse s'ouvrit à ceux de ses amis, et même de ses connaissances qui y eurent recours; et jamais un Européen malheureux ou embarrassé, quel qu'il fût, ne sollicita en vain ses secours.

Mon oncle était parvenu au plus haut degré d'opulence, et, consolé par ses succès, il avait non-seulement pardonné à mon père d'avoir été son aîné, mais jaloux de son nom et de l'éclat de sa famille, fier de pouvoir par ses richesses en étendre encore la splendeur, il lui avait écrit que, décidé à vivre dans le célibat, il se proposait, moyennant quelques arrangemens qui me concernaient, de me laisser toute sa fortune et de faire de moi le seigneur le plus riche de France. J'étais trop jeune alors pour qu'on me fît connaître quels étaient ces arrangemens; cependant je compris, par quelques mots qui échappèrent, qu'il était question pour moi d'un mariage avec une jeune personne de la Martinique, que mon oncle affectionnait beaucoup, et qui était encore enfant; mais je compris aussi que loin que mes parens fussent disposés à seconder ces vues, liés par la plus étroite amitié avec les d'Aubignie, ils avaient projeté depuis long-temps de m'établir avec leur fille unique ; et que notre inclination naissante les ayant encore fortifiés dans ce projet, ils se croyaient assez fortunés pour ne pas sacrifier d'aussi chères espérances à un accroissement de fortune dont je pouvais me passer, et qui pouvait me coûter le bonheur. Vous savez, d'Arcy, si je répondis à ces espérances ; vous savez à quel point je *l'adorai*.... Vous savez s'il m'est possible enfin de jamais l'oublier!

Aujourd'hui même que le sort, en me privant de tout, m'a jeté à la merci de cet oncle; aujourd'hui que mon existence future dépend entièrement de lui, que ma résistance à ses désirs, à sa volonté, peut achever de me perdre;.... eh bien! que je rencontre ici cette femme qui prétend rivaliser mon Isaure...., qui se flatte de l'effacer de mon cœur; quelle qu'elle soit, elle apprendra qu'avec toutes les richesses qu'offrent ces contrées, elle ne l'emportera jamais sur Isaure dénuée de tout, mais riche de ses vertus, de sa beauté, de ses qualités et de ses grâces!

Peu après, mon oncle apprit avec chagrin les malheurs de mon père, sa mort, celle de ma mère, la confiscation de nos biens, l'abandon et le dénuement absolu où je me trouvais réduit. Persuadé que son immense fortune pouvait réparer ces malheurs et rendre au nom de Moronval l'ancien éclat dont il avait brillé, il me demanda à mon généreux protecteur, et il employa les prières, les instances, les promesses et même jusqu'aux menaces pour le déterminer à se séparer de moi et à me faire partir pour la Martinique. Il envoya deux fois à Belleville l'un de ses capitaines avec des présens pour moi et l'ordre précis de m'emmener; il se choqua vivement des prétextes qu'allégua M. d'Aubignie pour éloigner mon départ, et il finit par lui écrire, dans son ressentiment, en des termes tellement offensans, qu'ils auraient blessé tout autre qui m'aurait été moins sincèrement attaché. Cependant l'amitié qu'il me portait était telle, qu'il y fut insensible, et sa fierté méprisa l'injure. Ce respectable vieillard n'était pas encore ruiné; et j'ai quelques raisons de croire qu'il ne projetait rien moins alors que de rétablir ma fortune en me donnant sa fille; mais victime bientôt lui même du sort le plus impitoyable, il sentit que sa stérile amitié ne pouvait plus rien pour moi; qu'il fallait renoncer à une alliance qui ne pouvait produire que l'inquiétude et le besoin; il sentit qu'il ne me restait d'autre ressource que mon oncle, il me pressa de me rendre à ses désirs; je résistai long-temps, je ne pouvais me résoudre à abandonner la seule femme pour laquelle j'aurais tout sacrifié; il ne fallut rien moins que la certitude que son père ne consentirait jamais à me donner sa main, que la crainte de la rendre malheureuse en l'associant à mon infortune, pour me décider à m'éloigner; et je partis.

Mon oncle, qui professait comme mon père le culte protestant, m'écrivit, peu avant mon départ, qu'il était d'autant plus sensible à mon malheur, que puisque son frère était péri victime d'opinions religieuses qu'il partageait, c'était pour lui un motif de plus de tout employer pour le réparer. Ne doutant pas que je ne fusse aussi protestant, il ajoutait qu'il lui tardait, en m'adoptant, de faire rougir nos persécuteurs, et de me venger, par le bien qu'il me ferait, de tout le mal qu'ils étaient parvenus à me faire.

Il ignorait, et il ignore encore que j'ai été élevé par ma mère dans la religion catholique, et que je tiens essentiellement à cette religion. Lorsque mon père s'en aperçut, il en témoigna beaucoup de ressentiment à ma mère; mais elle parvint à calmer sa colère, en lui observant que si l'orage qui commençait à gronder contre les protestans venait à les écraser un jour, il pourrait au moins épargner son fils, qui, échappant au désastre et conservant ses titres et ses biens, pourrait sauver son nom et sa famille d'une destruction entière. Et cela est si vrai, mon ami, que M. d'Aubignie, avant sa ruine, avait entrepris de me faire réintégrer dans ces titres et ces biens; et que, pour peu que j'eusse eu quelques amis en faveur, je serais facilement parvenu à les obtenir.

Mais je n'avais plus d'amis, le malheur les avait éloignés; il aurait fallu faire des sacrifices, et M. d'Aubignie ne possédait plus rien. Je ne regrette cependant pas ces biens, lorsque je réfléchis qu'on n'aurait pas manqué d'envisager leur restitution comme le prix d'une vile apostasie ou d'une méprisable hypocrisie dont je suis certainement incapable.

Voilà, d'Arcy, quel est mon oncle, quelle est ma situation avec lui; et voici comment j'en ai été reçu.

En arrivant le soir chez lui et en mettant pied à terre, plusieurs esclaves se présentèrent avec respect pour tenir mon cheval, pour m'aider à descendre, et pour m'introduire dans la maison; et mon nom à peine prononcé fut un talisman qui les frappa de trouble et de terreur. Ce respect n'est pas celui qu'ont pour leurs maîtres nos domestiques d'Europe, l'espèce de vénération qu'éprouve le fidèle

Leblanc pour son respectable maître, ce respect enfin qui ne dégrade pas; non, c'est celui de la plus abjecte servitude, et il me fit souffrir.

Le capitaine qui m'avait accompagné me servait de guide. Nous traversâmes une longue file d'appartemens somptueusement meublés, brillamment éclairés; et nous parvînmes enfin à un salon, dont, après avoir été annoncés, on nous ouvrit les portes.

J'entrai, et je me trouvai au milieu d'une très-nombreuse société qui devait souper avec mon oncle. Ne l'ayant jamais vu et ne le connaissant pas, je le cherchais au milieu de cette foule, dont les yeux étaient fixés sur moi. Je trouvais extraordinaire qu'il ne vînt pas à ma rencontre; j'éprouvais quelque embarras, et j'inclinais même à croire qu'il pouvait n'être pas dans cet appartement, lorsque cette foule, en s'ouvrant de droite et de gauche, permit enfin à mon guide de me le faire apercevoir, et de me conduire au fond du salon vers un canapé, où il était nonchalamment assis ou plutôt étendu entre deux dames, l'une âgée, l'autre très-jeune, avec lesquelles il paraissait familièrement causer. Je lui fus présenté. Il s'interrompit pour me considérer ; je m'approchai de lui avec empressement pour l'embrasser ; mais il ne bougea pas, il me tendit seulement la main, sans changer de position, et me déconcertant par son regard, il me rendit immobile sur la place : « Vous vous faites « bien attendre, monsieur, me dit-il avec « hauteur. L'on vous a appris, à ce qu'il « paraît, à compter pour peu de chose « et mes instances et mon amitié ! Il y a « long-temps que vous devriez être ici. »

Foudroyé par cette reception, j'eus quelque peine à me rassurer. « Je serais « venu beaucoup plus tôt, mon cher oncle,

« lui répondis-je, sans les malheurs qui
« ont accablé l'ami de mon père, sans
« les soins que j'ai dû rendre à monsieur
« le comte d'Aubignie. — Je voudrais
« bien savoir, me répliqua-t-il, ce que
« vous pouviez faire pour lui ? Ce que
« peuvent l'un pour l'autre, deux indi-
« vidus dénués de tout, et également à
« plaindre ? — Se consoler, mon oncle,
« se fortifier contre le sort, s'aider à sup-
« porter l'infortune. — Il vaut mieux,
« monsieur, apprendre à la vaincre, et
« recourir à ceux qui peuvent vous don-
« ner les moyens de la braver. Au lieu de
« pleurer ensemble, il fallait vous occu-
« per à sécher vos larmes. Les pleurs
« sont la ressource des lâches et des fai-
« néans. — Monsieur d'Aubignie, m'é-
« criai-je avec chaleur, n'est ni l'un ni
« l'autre ; et s'il a pu pour la première
« fois répandre des larmes, le sort mal-
« heureux d'une fille intéressante a pu

« seul les lui arracher ; ces larmes lui font
« honneur, et je crois que personne n'est
« fondé à lui en faire un reproche. » —
Mon oncle parut surpris de la vivacité
de ma réponse, de l'intérêt avec lequel
je défendais le père d'Isaure. Il reprit avec
un peu plus de calme, mais avec un air
de dédain : « J'ai entendu parler de sa
« fille et je vous en entretiendrai quand
« il en sera temps. Quant à d'Aubignie,
« il s'est vu ruiné par sa faute, par sa
« maladresse, par son ignorance des af-
« faires et des hommes, et il aurait dû
« être assez délicat pour éviter de vous
« associer à sa misère, et pour ne pas
« s'obstiner à vous garder, lorsque je vou-
« lais réparer vos malheurs. — Monsieur
« d'Aubignie, mon oncle, qui était l'ami
« de mon père, jouissait encore de sa for-
« tune lorsque je le perdis, et généreuse-
« ment il vint à mon secours. La recon-
« naissance m'attacha à lui ; ce fut alors

« qu'il se refusa à vos instances, et j'a-
« voue que je fus de moitié dans la ré-
« sistance qu'il apporta à vos désirs; mais
« quand le malheur lui eut ôté les moyens
« de m'être utile, loin de vouloir m'asso-
« cier à son infortune, il fut le premier
« à me presser de le quitter et de venir
« vous joindre. — Ce n'était pas à un
« étranger à vous secourir, lorsque vous
« aviez des parens en état de le faire, qui
« en manifestaient l'intention, et vous
« n'étiez pas réduit à vivre des bienfaits
« d'autrui. Je ne dois donc, monsieur,
« votre arrivée qu'à l'impossibilité où
« vous avez été de rester plus long-temps
« près de d'Aubignie. N'importe, ce n'est
« pas le moment d'entrer dans de plus
« grands détails : vous voilà, j'en suis bien
« aise ; mais je sens que je ne dois vous
« en savoir aucun gré. Défaites-vous au
« surplus, si vous voulez fixer la fortune,
« de ces sentimens ridicules et romanes-

« ques que vous avez puisés en Europe, « ils seraient ici fort déplacés, et devien- « draient un obstacle insurmontable à vos « succès. Un seul objet doit maintenant « vous occuper, celui d'acquérir, en im- « posant silence à votre cœur ; et je vous « le conseille, si vous désirez être un jour « en situation de jouir. »

Cette explication désagréable, qui avait été entendue par tous ceux qui nous entouraient, m'avait vivement blessé. J'allais faire à mon oncle une réponse qui lui aurait infailliblement déplu, lorsque se tournant vers la dame âgée qui était à sa droite : « Il est fort bien, lui dit-il, à de- « mi-voix, et il ne lui manquera rien « quand je l'aurai rendu raisonnable. — « C'est un charmant jeune homme, lui « répondit-elle, dont vous ferez tout ce que « vous voudrez ; il vous fera honneur et « comblera toutes nos espérances. — Oui, « maman, ajouta la jeune demoiselle, à

« qui je donnai dix-sept à dix-huit ans;
« monsieur Alphonse est un bien joli ca-
« valier : il me tardait beaucoup de le voir
« paraître. Savez-vous bien, monsieur,
« que maman et moi nous avons eu, ainsi
« que votre oncle, pendant la dernière
« tempête, beaucoup d'inquiétude que
« vous ne soyez noyé, et je vous assure
« qu'en mon particulier j'en aurais été
« bien fâchée, car je vous attendais depuis
« long-temps. »

Une déclaration aussi brusque de la part d'une jeune personne qui m'était absolument inconnue me confondit et m'ôta les moyens de répondre. Accoutumé à la modeste retenue de nos jeunes Françaises, je fus extrêmement choqué de l'air décidé et du ton cavalier qui accompagnaient une indiscrétion que l'extrême jeunesse de celle qui se l'était permise ne pouvait faire excuser.

Mon oncle étonné d'un silence dont il

était loin de deviner la cause, et l'attribuant sans doute à un moment d'embarras, crut me mettre à l'aise en me présentant à ces dames, qu'il m'annonça sous les noms de madame et de mademoiselle Emilie Dorville ses meilleures amies.

Toute la société s'était, par curiosité, groupée autour de moi ; et quelques dames surtout me considéraient avec une telle hardiesse, qu'elles m'obligèrent de baisser les yeux. Mon ami ! si j'avais encore été en France, d'honneur, je me serais cru transporté au foyer de l'opéra.

Un particulier en uniforme d'officier général, qui, tout en causant à quelque distance, avait paru faire beaucoup d'attention à ce qui venait de se passer, s'approcha. Mon oncle se leva enfin, me présenta à lui, et me le fit connaître pour monsieur le comte de ***, gouverneur de l'île, et successeur de celui à qui il devait sa fortune. Cet officier m'accueillit

avec bonté. « Jeune homme, me dit-il
« avec intérêt et de manière à ce qu'on ne
« l'entendît pas, votre façon de penser
« vous fait honneur. Vous ne connaissez
« pas encore votre oncle. Malgré sa brus-
« querie il vous aime ; il tient à sa famille
« et à son nom. Ménagez-le, méritez ses
« bontés, et vous cesserez bientôt d'avoir
« à vous plaindre du sort. J'ai beaucoup
« connu votre père, il était mon ami,
« et nous avons servi ensemble. J'ai plaint
« ses malheurs et je l'ai sincèrement re-
« gretté. Comptez sur mon amitié ; venez
« me voir souvent, vous me ferez grand
« plaisir. »

J'avais besoin de ces paroles consolantes ; car depuis mon entrée dans ce salon je n'avais entendu que des choses
désobligeantes qui m'avaient extrêmement
choqué. Je remerciai cet homme respectable de l'amitié qu'il voulait bien me
témoigner de son invitation gracieuse, et

je l'assurai que je me ferais un devoir d'en profiter.

Mon oncle fit appeler son homme d'affaires. « Conduisez, lui dit-il, mon neveu
« à son appartement ; présentez-lui les
« esclaves qui vont être attachés à son
« service ; prenez ses ordres, et exécutez-
« les comme les miens, parce que mon
« intention est qu'après moi il soit ici le
« maître. Allez, ajouta-t-il en m'adres-
« sant la parole, et si vous ne vous trouvez
« pas trop fatigué, vous descendrez quand
« on ira vous prévenir que l'on est prêt à
« se mettre à table. »

Avant de monter, on me présenta mes esclaves qui se prosternèrent pour ainsi dire à mes pieds. Je pris possession du quartier qui m'était destiné, j'y fis ranger mes effets qui venaient d'arriver ; et j'avais à peine fait une légère toilette, qu'on vint m'avertir qu'on avait servi.

Je me trouvai placé près de la petite

demoiselle dont le propos indiscret m'avait tant déplu, et qui, quoique très-jolie, continua cependant à me déplaire davantage. Sa mère, qui était placée près de mon oncle, causait avec lui en nous regardant en dessous, comme si nous eussions été l'objet de leur conversation mystérieuse ; ils riaient ensuite d'un air significatif, et paraissaient applaudir à ce qu'ils disaient. De son côté, la petite Derville leur répondait par des œillades, riait aussi en me regardant, et leur faisait des signes d'intelligence auxquels d'abord je ne pus rien comprendre. Elle finit cependant par me les rendre également intelligibles, en me disant à l'oreille : « Savez-
« vous bien, M. Alphonse, qu'après que
« vous fûtes sorti, votre oncle a dit à ma-
« man que nous ferions un couple char-
« mant ! Eh bien ! je vous assure que je
« pense de même, et que si vous n'étiez

« pas aussi sérieux et aussi emprunté, je
« vous trouverais fort aimable. »

Cette sortie encore plus vive que la première me pétrifia, et je n'eus pas la force de répondre. Piquée de mon silence et de mon air d'étonnement : « J'espère bien,
« monsieur, me dit-elle, que vous ne se-
« rez pas assez malhonnête pour garder le
« silence lorsque je veux bien vous adres-
« ser la parole, ni pour avoir des distrac-
« tions lorsque j'ai la bonté de m'occuper
« de vous. Je ne vous le pardonnerais
« pas, et je vous préviens que ce serait un
« moyen certain de me déplaire et de fâ-
« cher monsieur votre oncle. »

Surpris au dernier point, et commençant à pénétrer le mystère, je me hasardai à lui dire : « Mademoiselle connaît
« donc les intentions de mon oncle ? —
« Très-certainement, me répliqua-t-elle,
« nous devons être mariés bientôt; c'est

« une affaire arrangée; ainsi je puis bien
« vous regarder, dès aujourd'hui, comme
« mon mari. Mais, quoique vous me plai-
« siez assez, je vous préviens que si vous
« n'êtes pas plus empressé auprès de moi,
« je m'en plaindrai à maman, qui en par-
« lera à M. de Moronval, afin qu'ils rom-
« pent de suite les arrangemens pris, et
« que je puisse en épouser un autre; car
« apprenez que je puis choisir en cent, et
« que l'on s'est déjà battu pour moi. »

Plus de doute, plus d'équivoque ; tout était éclairci. Frappé comme d'un coup de foudre, atterré par une attaque aussi vive qu'indécente, peu s'en fallut que dans mon indignation je ne quittasse brusquement la table, au risque de tout ce qui pourrait en arriver. Je me contins cependant, pour éviter de me mettre mal, dès mon arrivée, dans l'esprit de mon oncle. Je résolus d'attendre patiemment qu'il lui plût de me développer ses projets et de me déclarer si en effet cette jeune personne était la *redoutable* rivale de mon Isaure; celle enfin que, quelques années avant, il avait proposé à mes parens de me faire épouser. Je pensai qu'il serait temps alors de combattre ces projets, et je me flattai de parvenir, s'ils étaient tels, à les lui faire abandonner. Je réfléchis que je m'alarmais peut-être mal à propos; que quelques plaisanteries sans conséquence entre madame d'Orville et mon oncle avaient pu jeter cette jeune personne, extrêmement inconsidérée, dans quelque erreur, et la porter à l'écart impardonnable qu'elle venait de se permettre.

J'affectai donc de tourner en plaisanterie les reproches et les menaces que je venais d'entendre. Je fis un effort sur moi-même; je l'assurai que je ne m'attendais pas en arrivant dans l'île au sort flatteur qui m'était destiné, ni à y terminer une guerre civile en enlevant une si belle proie; je l'assurai enfin que j'étais même disposé à couper la gorge, pour sa gloire et ses menus plaisirs, à tous ceux qui prétendraient me la ravir. Ces sottises parurent flatter beaucoup son amour-propre. J'eus soin pendant le reste du repas de lui faire beaucoup d'honnêteté; et elle en parut tellement satisfaite, que, quoique j'évitasse de ramener la conversation sur l'article qui l'intéressait, je fus en butte pendant tout le temps que nous restâmes à table à ses indécentes agaceries. Deux fois même, et je rougis, mon ami, de te le dire, oui, deux fois je crus sentir son pied presser le mien, et je ne sais ce qui serait arrivé, si le souper en se terminant n'avait aussi terminé mon supplice.

Ah! mon ami, si j'étais capable d'oublier Isaure, certes ce ne serait jamais pour une femme telle que la petite d'Orville. Mais j'entends l'orage gronder sur ma tête; j'entrevois les peines, les tracasseries et les persécutions que je vais avoir à éprouver. Ah! Isaure, je saurai les braver, et, je le répète, si je ne suis pas à vous, je ne serai jamais à une autre. Accablée, d'Arcy, par le sort, Isaure est mieux où elle est qu'elle ne le serait ici au milieu des faveurs de la fortune. Elle est trop pure pour respirer cet air empoisonné, et elle y périrait comme une fleur qu'on transporterait dans un air méphitique.

La société ayant pris congé, je me retirai chez moi excédé de tout ce que je venais de souffrir. Quelle société! S'il faut que je la fréquente, et je le crains, mon cœur n'y trouvera pas un seul point où se reposer. Les manières et le ton des femmes y sont, en général tellement libres, que je ne puis m'y faire, ni cacher mon étonnement et mon dégoût. Combien elles sont maladroites celles qui se dépouillent ainsi de cette touchante modestie, le plus bel ornement de leur sexe ! Ah ! mon ami, je serais même disposé à la légèreté et à l'inconstance, que, tant que je serais avec des femmes semblables, Isaure n'aurait certainement aucune infidélité à craindre !

Rien de pitoyable comme les propos avec lesquels on cherche ici à amuser les femmes ; rien suivant moi de plus humiliant pour elles, puisqu'en les entretenant de futilités on paraît persuadé qu'elles sont incapables d'entendre un autre langage. Cependant quoique la conversation de ce sexe intéressant porte en général sur des objets moins sérieux que ceux qui nous occupent, le charme, la douceur et la finesse qui y règnent n'en excluent pas pour cela la raison.

Pourquoi donc beaucoup d'hommes, même en France, affectent-ils de considérer les femmes comme incapables d'en entendre le langage ? On serait quelquefois tenté de croire qu'un sot amour-propre, qu'un sentiment de jalousie ou de rivalité, que le désir enfin de maintenir une supériorité que plusieurs d'entre eux ne possèdent pas toujours, les entraîne à cacher ainsi leur nullité. Combien j'en ai connu qui auraient été bientôt réduits au silence le plus absolu par la première femme raisonnable dont l'éducation aurait été un peu soignée! Mais les femmes sont trop bonnes, et je voudrais qu'elles se liguassent pour se moquer de tous ceux qui ont l'air de croire qu'on ne peut les entretenir que de sottises.

Je suis loin cependant, mon ami, de vouloir chercher à détruire cette différence réelle et précieuse que la nature a placée entre les sexes; je suis loin de prétendre attaquer ici les avantages que possède le nôtre, et qui prennent leur source dans une organisation physique qui nous a évidemment donné une destination différente; je me garderai bien surtout de chercher à dépouiller les femmes de ce charme irrésistible qui naît plutôt de la finesse que de la faiblesse de leurs organes; je suis au contraire très-convaincu que la distinction qui existe dans le physique des sexes doit s'étendre également au moral, et je t'avoue que j'ai souvent été tenté d'attribuer un sexe à l'âme; mais il est souverainement injuste de vouloir dépouiller les femmes d'une partie de leurs avantages; et cette usurpation ne prouve autre chose de la part de ceux qui se la permettent qu'un dénûment absolu de moyens. C'est assez le système de ceux qui n'ont d'autre ressource pour être quelque chose, que d'affecter de considérer les autres pour rien.

Crois-moi, d'Arcy, si sous quelques rapports la nature a posé des bornes à quelques facultés physiques et morales de ce sexe enchanteur, elle l'en a bien dédommagé en lui en accordant d'autres qu'elle nous a refusées. Ce sont elles qui rétablissent l'équilibre; c'est en les exerçant que les femmes embellissent notre existence. Il est pour ainsi dire, mon ami, un monde nouveau de sensations dans lequel elles se meuvent, et qui nous est absolument inconnu. C'est la finesse de leurs perceptions, la délicatesse de leurs organes qui leur en donnent l'empire. Nous circulons autour de ses limites; mais une barrière insurmontable nous en interdit l'entrée.

On est loin ici de penser de cette manière sur leur compte; elles ont souffert qu'on les réduisît à peu de chose, aussi il n'y a de ressource avec aucune d'elles. Le cœur près d'elles n'éprouve aucun intérêt; et le mien s'est plus ouvert pendant cinq minutes près d'Isaure, que près de toutes celles que j'ai connues depuis mon arrivée en ce pays.

Voici une bien longue lettre; mais dans mon infortune ma seule consolation est de t'écrire, et je ne crains point de fatiguer ton amitié. Que dis-je? n'ai je pas avec moi le portrait de l'adorable Isaure? Il est mon unique talisman, il me soutient contre l'adversité, et si je pouvais manquer de courage, il m'en prêterait pour la vaincre. Placé soigneusement sur mon cœur comme dans son unique asile, là il échappera à toute profanation, à tous regards qui ne pourraient que le souiller.

J'avais encore bien des choses à te dire; mais un bâtiment va mettre à la voile, et je n'ai que le temps de fermer ma lettre. Adieu, mon ami, je ne tarderai pas à t'écrire encore...... Combien je suis impatient de recevoir de tes nouvelles ! Adieu.

———

J'ouvre ma lettre pour t'annoncer

qu'on vient de me remettre la première que tu m'as écrite. J'y ai vu tracé le nom sacré d'Isaure ! Tu me dis qu'elle est bien, qu'elle est, ainsi que sa famille, toujours dans la même situation. Oh ! je te remercie !..... Ce peu de mots m'a fait un bien que je ne puis t'exprimer. Il y a une magie attachée à ce nom qui m'élève l'âme, me fortifie le cœur, et me donne la force de tout braver. Continue, mon ami, surtout continue à me parler d'elle, si tu ne veux perdre tout le fruit de tes soins.

Que suis-je venu faire ici ? chercher à captiver la fortune ! Ah ! si pour y parvenir il faut abandonner Isaure, outrager l'honneur, l'humanité, comprimer tous les sentimens qui me sont chers ; j'y renonce ; je renonce à mon nom, à ma famille et à mes titres ; je fuis cette détestable contrée ; je vais me jeter aux pieds de M. d'Aubignie, et lui demander sa fille. Elle n'a rien, j'ai tout perdu ; mais oubliant ce que nous avons été, nous irons à l'autre extrémité de la France offrir un exemple de ce que le courage peut produire, quand il est soutenu par la vertu, l'honneur et l'amour... Adieu.

LETTRE XXIX.

Le même au même.

Que de choses affligeantes, mon ami, se sont passées depuis le départ de ma dernière lettre ; cependant quinze jours se sont à peine écoulés ! Mais quels jours ! Je croyais en quittant l'Europe avoir souffert tout ce qu'il était possible de souffrir ; et je ne m'attendais pas que ce nouveau théâtre dût m'offrir de nouvelles peines. J'apprends que les vents contraires ont retardé le départ du navire où j'ai placé ma dernière lettre ; ainsi tu recevras celle-ci avec la précédente.

Ah ! d'Arcy, quelle prière suis-je donc réduit à te faire ! elle te donnera la mesure de ma triste situation. Ne m'adresse plus, je t'en conjure, tes lettres chez mon oncle; adresse-les sous le couvert du gouverneur.

Je tremble qu'on n'intercepte celles que j'attends! Que deviendrai-je si elles me manquent! Je mettrai tout au pis, je croirai à tous les malheurs; je pleurerai sur Isaure!......... Dieu! ma tête se perd! Je suis comme un vaisseau, au milieu de l'Océan, battu d'une affreuse tempête; et pour lequel il n'y a ni refuge ni salut..... Oui, il faut se résigner et périr..... Ah! Isaure!

Mon oncle, mon ami, me fit appeler il y a quelques jours dans son cabinet. « Asseyez-vous, monsieur, me dit-il
« lorsque j'entrai, et écoutez-moi. Ar-
« tisan de ma fortune, oubliant les lois
« injustes qui m'avaient dépouillé pour
« enrichir mon frère, privé d'enfans et
« tenant à mon nom, je n'avais pas at-

« tendu la mort de votre père pour con-
« cevoir le généreux projet, en vous lais-
« sant tous mes biens, de le replacer au
« premier rang. Je ne mettais à cet aban-
« don qu'une seule condition, celle que
« vous épousassiez un jour une jeune per-
« sonne, encore enfant, mais à laquelle
« je prenais le plus vif intérêt. Vos parens
« ont inconsidérément repoussé mes of-
« fres en y substituant des projets extra-
« vagans. Vous croyant riche assez, ils
« sacrifièrent ces offres à l'espoir incertain
« d'un mariage de roman, d'un mariage
« basé, disaient-ils, sur une ancienne
« amitié de famille, sur une inclination
« présumée entre les parties, et qui ce-
« pendant, réduite à une liaison d'en-
« fance, pouvait ne jamais naître ! L'évé-
« nement a prouvé en effet combien ils
« ont erré. Il faut autre chose, monsieur,
« que tous ces grands mots pour faire
« réussir des mariages. La fortune seule

« en assure le succès ; elle seule console
« des désagrémens qui les accompagnent.
« Vous avez appris à vos dépens com-
« bien elle est capricieuse, combien aisé-
« ment elle nous échappe, combien il est
« extravagant d'arrêter pour une époque
« éloignée une alliance qui dépend de sa
« constance, et qu'un de ses caprices peut
« si facilement déranger. Un mariage
« avantageux, monsieur, est l'affaire du
« moment ; c'est une spéculation comme
« tant d'autres, et qui, pour réussir, doit
« être préparée et dirigée avec prudence,
« avec circonspection.

« Je leur pardonne l'erreur qu'ils ont
« commise. Je leur pardonne d'avoir
« ignoré que l'amitié des familles, que
« l'inclination même des parties ne suf-
« fisent pas pour rendre un mariage heu-
« reux ; que les seuls que l'on doive dési-
« rer sont les mariages raisonnables, ceux
« qui sont fondés sur l'opulence, qui

« seule peut dédommager de la contrainte
« et des tracasseries que cet état amène
« toujours à sa suite. J'en ai fait moi-
« même la triste expérience, et je vous
« en parle avec connaissance de cause.

« Votre père périt en combattant pour
« la religion de ses ancêtres, qui est aussi
« la mienne, et cette circonstance rend
« sa mémoire chère à mon souvenir.
« Vous fûtes dépouillé pour cette cause,
« et l'honneur de cette même cause exi-
« geait que je vinsse à votre secours.

« Je l'ai fait. Orphelin, dénué de tout,
« je vous ai demandé à d'Aubignie, je
« vous ai réclamé de vous-même, et tous
« deux vous avez été sourds à mes instan-
« ces! Tant que d'Aubignie conserva sa
« fortune, il continua de tenir avec per-
« sévérance à l'extravagant projet qui de-
« vait vous unir à sa fille; je n'éprouvai
« que des refus, et ce ne fut que lorsqu'il

« se vit ruiné qu'il consentit enfin à vous
« rendre à votre oncle.

« Malgré l'inconvenance de ces procé-
« dés je lui sais gré de son amitié pour
« vous, de sa générosité à votre égard, je
« compte bien que vous ne resterez pas
« long-temps son obligé, et je souffrirai
« jusqu'à l'époque où mon neveu ne de-
« vra rien à personne. Mais il est des
« moyens de vous acquitter, sans vous
« sacrifier, sans épouser sa fille, une fille à
« qui il ne reste absolument rien. Ne m'in-
« terrompez pas, monsieur. Elle est riche,
« me direz-vous, de ses vertus et de ses
« charmes! Eh bien! qu'elle épouse quel-
« qu'un qui lui apporte la même dot, cela
« fera un mariage assorti. Ces jeunes per-
« sonnes dont, par une éducation extra-
« vagante, on a gâté la tête en exaltant
« le cœur, se croiraient très-malheureuses
« si elles cessaient de se voir en situation
« de figurer dans un roman. Leurs âmes

« sentimentales se nourrissent de chagrins
« et de larmes, et c'est pour elles un ali-
« ment dont elles ne peuvent plus se pas-
« ser. Si vous voulez me convaincre que
« vous vous intéressez véritablement au
« père, si vous désirez enfin être bientôt
« à même d'améliorer son sort, oubliez
« la fille, et qu'il ne soit plus question
« d'une amourette, à laquelle vous avez
« pendant si long-temps et si inconsidé-
« rément tout sacrifié. Songez que cette
« fille n'a rien, qu'elle ne peut vous con-
« venir, et que vous devez entièrement
« l'oublier. »

Emporté malgré moi en entendant
ainsi injurier, outrager Isaure : « Elle
« n'a rien! m'écriai-je avec feu, elle n'a
« rien, mon oncle! Ah! elle a tout, hors
« la fortune. Elle est riche assez pour s'en
« passer, et il est bien peu de femmes, en
« la perdant, à qui il reste encore quel-
« que chose. Quant aux sentimens qu'elle

« m'a inspirés, personne n'est fondé à les
« blâmer, puisque jusqu'au moment de
« mon départ Isaure les a toujours igno-
« rés, et que la crainte de lui déplaire et
« de troubler son repos les a toujours,
« jusqu'à cette époque, concentrés au
« fond de mon cœur. »

Mon oncle sourit avec dédain : « Lais-
« sons, monsieur, cette petite fille avec
« ses charmes et sa vertu. Sachez que la
« fortune est plus difficile à captiver qu'une
« jolie femme ; qu'un jeune homme tel
« que vous trouve des jolies femmes par-
« tout, et qu'on en rencontre même qu'il
« est plus facile d'avoir que d'éloigner
« après les avoir obtenues. Revenons :
« vous voilà ; j'oublie tout, et il ne tiendra
« qu'à vous de retrouver en moi un se-
« cond père. Il suffira pour cela de
« devenir raisonnable et de vous prêter
« docilement à mes projets. Apprenez donc
« que la jeune personne à laquelle je m'in-

« téresse, que je vous destine, et qui est
« aujourd'hui en âge d'être établie, est
« mademoiselle Emilie d'Orville. Vous la
« connaissez ; elle est jeune, elle est jolie,
« elle a des talens, de la vivacité et de
« l'enjouement. Je ne lui connais qu'un
« léger défaut ; c'est une aimable étour-
« derie, c'est un abandon rare, qui la
« montre telle qu'elle est, et dont les années
« la corrigeront. Sa mère, à laquelle je
« suis liée par la plus étroite amitié, est
« veuve. Mademoiselle d'Orville possède
« déjà, du côté de son père, une brillante
« fortune ; elle y joindra un jour celle de
« sa mère ; et, en faveur de ce mariage, je
« vous assure toute la mienne. Persuadez-
« vous bien que si vous refusez sa main,
« je lui donne tout, et que je lui aurais
« tout donné pour peu que vous eussiez
« tardé à paraître. Je vous préviens encore
« que ma résolution sur ce point est irré-
« vocable ; que des motifs puissans me

« déterminent, soit que vous l'épousiez,
« ou que vous ne l'épousiez pas, à lui
« laisser tous mes biens; et que sa main,
« sa main seule, peut vous conduire à les
« posséder un jour. Maintenant, mon-
« sieur, choisissez et répondez. »

Quoique je dusse en quelque sorte
m'attendre à cette déclaration, la manière
absolue avec laquelle elle me fut faite m'étourdit au point que je ne savais si j'avais
bien entendu. Mes idées froissées se heurtaient avec violence, et je fus d'abord incapable de répondre. « Répondez, mon-
« sieur, répéta-t-il en élevant la voix avec
« impatience, ou je prendrai votre silence
« pour un refus, et je sais alors ce qui me
« reste à faire. »

Le désespoir me rendit des forces; des
larmes s'échappèrent de mes yeux à la
vue de l'abîme qui s'ouvrait devant moi.
Je tombai à ses pieds : « Ce ne sont pas des
« pleurs, me dit-il, que je vous demande,

« quoique vous puissiez avoir à en répan-
« dre sur vos sottises. Relevez-vous, mon-
« sieur ; je ne permets cette posture qu'à
« mes nègres, et vous pouvez bien me faire
« entendre debout votre consentement et
« l'expression de votre reconnaissance. »

L'indignation que me firent éprouver le despotisme et la dureté de mon oncle me rendit entièrement à moi-même. Je sentis que je ne pouvais me sauver qu'en gagnant du temps, et que j'étais perdu si je m'abandonnais à mon cœur. « Ah !
« monsieur, lui dis-je, croyez que je se-
« rais fâché d'avoir le malheur de vous
« déplaire. Ayez un peu d'indulgence
« pour le dernier rejeton des Moronval.
« Daignez m'écouter avec patience, et
« vous serez bientôt convaincu que, loin
« d'avoir le dessein de vous résister, le
« ciel est témoin que je voudrais à l'ins-
« tant même pouvoir vous obéir. Je ne
« réclame que vos bontés, que votre in-

« dulgence; et en me permettant de vous
« confier mes peines, j'acquerrai au
« moins des droits à votre pitié, si je n'en
« obtiens pas à vos faveurs. Ah! mon on-
« cle, soyez en effet pour moi un second
« père; et que ce titre, que vous venez si
« généreusement d'adopter, ne soit pas
« pour moi un vain titre. Vous ne m'avez
« pas fait venir pour me rendre malheu-
« reux, pour me rendre plus à plaindre
« encore que je ne l'étais dans la dépen-
« dance et le dénûment; et mon cœur a
« trop souffert, il souffre trop encore
« pour ne pas mériter quelques ménage-
« mens. Je voudrais pouvoir vous donner
« à l'instant même le consentement que
« vous exigez; mais j'ai besoin de con-
« naître mademoiselle d'Orville et de me
« résigner à l'épouser. J'ai besoin d'ou-
« blier... Isaure.... J'ai besoin d'appren-
« dre qu'elle est consolée de mon ab-
« sence, qu'elle est mariée, qu'elle est

« heureuse ; et je dois prendre garde que
« mon abandon ne la fasse mourir. »

En prononçant ces derniers mots, en parlant d'oublier Isaure ! je pensai me trouver mal : j'éprouvai un serrement de cœur affreux.

« Chimères, monsieur, me répliqua
« mon oncle, chimères ! Si vous préten-
« dez que j'attende, pour vous voir épou-
« ser Emilie, que votre Isaure soit ma-
« riée, je puis attendre encore long-
« temps. Sa naissance l'empêche d'épou-
« ser un artisan, son indigence l'empê-
« chera d'épouser un homme de son
« rang. Croyez-moi, laissez toutes ces
« grandes phrases, tous ces sentimens ro-
« manesques ; les femmes ne meurent pas
« parce qu'on les oublie ; et si cela était,
« on en verrait bien peu de vivantes. Don-
« nez l'exemple à votre Isaure, et soyez
« bien convaincu qu'elle ne tardera pas à
« le suivre. Quant à mademoiselle d'Or-

« ville, vous la connaissez assez puisque
« vous connaissez sa fortune; et dans au-
« cun temps vous n'en saurez davantage.
« Quoi qu'il en soit, monsieur, puisque
« vous invoquez mon indulgence et mes
« bontés, je veux bien vous regarder
« comme un malade, et vous traiter en
« conséquence. Je consens à vous en
« donner une preuve en vous accordant
« le temps nécessaire pour vous guérir de
« votre folie et pour devenir raisonnable.
« Six mois : voilà le délai que je vous ac-
« corde; et je vous conseille d'en profiter
« de manière à mériter mes bontés et à
« me faire oublier le passé; c'est le seul
« moyen, si vous avez quelques obligations
« à d'Aubignie, de vous mettre bientôt à
« même de vous acquitter envers lui. »

« Croyez, mon oncle, lui répondis-je,
« que l'espoir que vous me donnez de
« pouvoir un jour lui être utile augmente
« vos droits à mon attachement et à ma

« reconnaissance. — Commencez, mon-
« sieur, à penser à vous avant de vous
« occuper des autres. Sitôt après votre
« mariage nous passerons en France ; il
« paraît que les protestans y sont moins
« tourmentés, et je serai bien aise d'y faire
« voir à nos persécuteurs que les Moron-
« val ne sont pas encore écrasés. — Mon
« oncle, je repasserai avec vous en France
« avec plaisir ; mais ce ne sera pas pour
« y braver les catholiques ; car je ne suis
« pas protestant. — Vous n'êtes pas pro-
« testant ! s'écria mon oncle ; et qu'êtes-
« vous donc, monsieur ? — Je suis catho-
« lique. — Vous avez donc apostasié ! Vous
« avez donc renoncé à la religion de vos
« pères ! dans l'espoir sans doute de vous
« faire réintégrer dans vos biens. D'Au-
« bignie vous aura entraîné à commettre
« une bassesse ; mais elle a reçu son sa-
« laire, puisque vous n'avez rien obtenu,
« et je n'en suis pas fâché. — Non, mon

« oncle, je n'ai pas apostasié, je ne suis
« pas capable d'une bassesse ; monsieur
« d'Aubignie est incapable de me la con-
« seiller ; et catholique depuis l'âge de
« connaissance, j'ai été élevé dans cette
« religion par ma mère. — Vil subterfuge !
« — Ce n'est pas un subterfuge, mon
« oncle; j'ai ici des lettres que ma mère
« m'a écrites à Belleville dans mon en-
« fance, et qui ne laissent aucun doute
« sur la sincérité de cette déclaration. —
« Pièces préparées, monsieur, pièces pré-
« parées. J'ai connu votre mère, et il n'a
« pas dépendu d'elle que votre père n'eût
« aussi abjuré. Sa manie, je me le rap-
« pelle, était de faire des conversions, et
« elle y était fort adroite. Mais votre père
« n'aurait certainement pas permis, de
« son vivant, qu'elle entreprît la vôtre ;
« elle n'a osé le tenter qu'après sa mort ;
« et il est évident qu'elle s'est flattée par-
« là de vous éviter la confiscation de vos

« biens ; mais elle vous a déshonoré sans
« atteindre ce but, et c'est ce qui me con-
« sole. Au surplus, monsieur, voici ma
« profession de foi, faites-en votre profit.
« Si je parais tenir autant au culte protes-
« tant, ce n'est que parce qu'il est le culte
« de mes pères, qu'il leur a attiré des en-
« nemis, des persécutions, et que j'abhorre
« surtout les persécuteurs. En soutenant
« ce culte, et quelles que soient mes opi-
« nions religieuses, je défends la cause des
« miens, je défends les opprimés contre les
« oppresseurs, et cela me suffit pour y ap-
« porter toute la persévérance et la fermeté
« dont je suis capable. Au reste, mon-
« sieur, comme je rougirais de montrer en
« France, comme catholique, le fils d'un
« homme qui a péri pour ne l'avoir pas
« été, je consens encore à vous accorder,
« pour rentrer dans votre croyance, le
« même délai que je vous ai donné pour
« vous préparer au mariage que je désire.

« Allez, employez ce délai à vous résigner
« à mes volontés, à vous instruire, à vous
« mettre en état de diriger mes biens et
« mon commerce, et à vous rendre digne
« de me succéder un jour. Ma santé affai-
« blie exige que je me repose, et que je
« me débarrasse entièrement d'une fati-
« gante surveillance. Allez donc, et sou-
« venez-vous que, dans six mois, vous
« serez l'époux de mademoiselle d'Orville,
« que vous serez ou que vous paraîtrez pro-
« testant, ou que vous ne serez rien du tout.
« Voilà, monsieur, mon dernier mot, et
« vous pouvez maintenant vous retirer. »

Je rentrai chez moi, et là je me livrai sans contrainte à toute ma douleur. Elle était excessive, et je crus que je ne pourrais la surmonter. Je pleurai sur Isaure, je prononçai son nom avec angoisse ; je gémis sur l'inconcevable dureté de mon oncle, je maudis amèrement mademoiselle d'Orville.

Prosper, le nègre qui me sert de valet-de-chambre, et qui par cette raison m'est encore plus attaché que les autres, se trouvait en ce moment occupé à ranger ma garde-robe. Il s'alarma de la violence, du chagrin auquel il s'aperçut que j'étais en proie. Il vint à moi, me considéra d'abord attentivement, et me dit enfin avec attendrissement, la larme à l'œil, et dans un jargon que je vais essayer de rendre intelligible. « Bon maît'! vous, « gros chagrin ? Ah ! vous, pas mérité. « Vous avé à grand pays blanc jolie petit « maîtresse vous aimé beaucoup. Prosper « savé mamselle Milie bientôt femme à « vous. Prosper bien fâché pour bon « maît'. Allé, mamselle Milie bien méchante, li faisé beaucoup chagrin à « Prosper. »

L'attachement de ce pauvre garçon m'attendrit et fit diversion à ma douleur. J'en suis réduit, mon ami, à trouver quelque consolation dans la compassion de mon esclave ! Triste situation !

« Tu dis, Prosper, que mademoiselle
« d'Orville est bien méchante, qu'elle t'a
« fait du chagrin ! Dis-moi, quel chagrin
« t'a-t-elle donc fait ? — Ah ! bon mait' !
« Prosper pas osé ; si vous disé, li faisé à
« Prosper encore plus gros chagrin. —
« Sois tranquille, mon ami, apprends-
« moi ce qu'elle t'a fait et sois assuré que
« je n'en parlerai à personne. — Prosper
« li croit bon mait'. Vous si bon ! Moi
« tout disé à vous. Ecouté, bon mait' !
« Moi faisé souvent commissions ché
« mamselle Milie ; moi voir Zizi, petite
« négresse à mamselle Milie ; moi aimé
« Zizi, Zizi aimé Prosper ; Zizi pays à
« Prosper, Prosper voulé marier Zizi ;
« mamselle Milie pas voulé ; li tourmenté
« Zizi, batté Zizi, faisé donné coups fouet
« à Zizi. Li faisé aussi batté Prosper pour
« plus aimé Zizi ; Prosper pas pouvé,

« Prosper toujours aimé Zizi. Ah! bon
« mait', Prosper et Zizi bien malheureux.
« — Console-toi, mon bon Prosper, con-
« tinue de me servir avec zèle, avec fidé-
« lité, et je tâcherai de te rendre un jour
« heureux avec Zizi. — Grand-merci,
« bon mait'; Prosper pas aimé vous par
« intérêt, aimé vous pour rien. Vous si
« bon à pauv' négres! Ah! mais Zizi ja-
« mais femme à Prosper. Pas possible,
« bon mait'. — Pourquoi donc cela,
« Prosper? — Ah! maîtresse à Zizi pas
« voulé; amoureux à mamselle Milie pas
« voulé; li bien méchant aussi, allé! —
« Comment l'amoureux de mademoiselle
« Emilie! Est-ce que mademoiselle d'Or-
« ville, Prosper, a un amoureux? — Oh!
« oui, bon mait', mamselle Milie avé
« beaucoup l'amoureux. Mais li été un,
« elle aimé mieux. Li s'appelé monsieur
« Mery; li voulé marié mamselle; mam-
« selle voulé beaucoup marié li; maman

« à mamselle pas voulé ; grand mait' Mo-
« ronval pas voulé, à cause monsieur
« Mery pas avé l'argent. — Et pourquoi,
« Prosper, ce monsieur Mery ne veut-il
« pas que Zizi soit ta femme ? — Ah ! bon
« mait' ! Prosper pas osé dire. Si Prosper
« disé, li mouri. — Je le veux, Prosper,
« je le veux ; dis, dis, tu n'as rien à crain-
« dre ; sois sûr que tu n'en mourras pas.
« — Quand bon mait' li disé à Prosper li
« pas mouri, Prosper pas peur, Prosper
« tout disé à bon mait'. — Non, il ne t'ar-
« rivera rien ; eh bien ? — Eh ben, bon
« mait' (*presque bas*), monsieur Mery li
« entré la nuit chez mamselle Milie pour
« parlé à elle. Mamselle li metté Zizi sen-
« tinelle pour pas été attrapée. Zizi beau-
« coup travaillé, beaucoup fatigué, Zizi
« dormi. Maman à mamselle li véni, li
« attrapé monsieur Mery ; li beaucoup
« fâchée avec mamselle, avec monsieur
« Mery. Li faisé batté Zizi pour faisé sen-

« tinelle ; mamselle faisé batté Zizi pour
« pas bien faisé sentinelle ; monsieur Me-
« ry faisé batté Zizi, à cause Zizi pas voulé
« aimé li, pas voulé être bonne amie à li ;
« pauvre Zizi toujours battue ! — Com-
« ment Prosper, ce monsieur Mery entrait
« la nuit chez mademoiselle d'Orville, et
« la maman les a surpris ! — Oui, bon
« mait', maman pas voulé, monsieur Me-
« ry li parlé à mamselle ; grand mait' Mo-
« ronval pas voulé mamselle marié à mon-
« sieur Mery. — Et où demeure-t-il,
« Prosper, ce monsieur Mery ? — Bon
« mait', li meuré à Fort-Royal. Li beau-
« coup aimé jeu, li beaucoup aimé vin,
« li beaucoup aimé femmes, li avé beau-
« coup maîtresses, li voulé aussi Zizi, li
« dépensé beaucoup l'argent. Grand mait'
« Moronval li ben fâché avec monsieur
« Mery, li chassé monsieur Mery à Fort-
« Royal. Monsieur Mery li voulé tué grand
« mait' Moronval ; grand mait' Moronval

« li pas peur pour monsieur Mery; allé
« li ben méchant monsieur Mery. Vous
« aimé bon petit maîtresse à pays blanc,
« vous faisé ben; vous pas aimé mamselle
« Milie, vous faisé ben; vous allé à grand
« pays blanc pour marié bonne petit
« maîtresse, vous faisé ben. Prosper allé
« aussi avec bon mait', Zizi allé aussi avec
« Prosper; Prosper marié Zizi, tout
« monde faisé ben, tout monde content.
« — Va, mon ami, je suis satisfait de ta
« confiance. Sois persuadé que tu n'au-
« ras pas à t'en repentir. Tu viens de me
« rendre un bien grand service, et j'en
« serai certainement reconnaissant. En
« attendant sois tranquille : loin de te lais-
« ser faire la moindre peine, je ferai en
« sorte qu'un jour tu sois heureux avec
« Zizi. — Merci, bon mait', grand-merci.
« Prosper li béni bon mait', Zizi li béni
« aussi; peti enfans à Prosper et Zizi li

« toujours béni, li toujours ben prier bon
« Dieu pour bon mait'.

Je renvoyai ce pauvre Prosper, qui paraissait avoir entendu parler dans la famille de mon amour pour Isaure, et qui en concluait avec raison que mademoiselle d'Orville, qu'il savait qu'on voulait me faire épouser, ne me plaisait pas du tout. Son attachement et sa confiance en moi augmentaient encore l'intérêt que je prenais à son bonheur. Pourquoi faut-il donc, mon ami, qu'on ne s'intéresse autant aux souffrances des autres que lorsqu'on souffre soi-même? Ce malheureux esclave m'offre un exemple de courage et de résignation ; il est bien plus à plaindre que moi, puisque sans amis, sans protection, sans espoir d'un meilleur sort, non-seulement il ne peut espérer de posséder jamais ce qu'il aime, mais il est encore tous les jours témoin de ce qu'elle souffre, et en partie pour avoir su résister à la séduction, pour lui être restée fidèle. Il lui est impossible de la consoler, de la secourir, de rien faire pour elle; et c'est dans l'amour même qu'elle a pour lui que ses persécuteurs trouvent de l'aliment à leur vengeance. Cette situation, bien plus douloureuse que la mienne, est réellement affreuse. Prosper la soutient avec un courage vraiment héroïque, et qui offre la pratique de ces théories que nos philosophes européens ont vainement entassées dans leurs livres. Je me promis d'employer tout pour améliorer le sort de Zizi et de Prosper, et je résolus, pour y parvenir d'une manière prompte et efficace, de commencer d'abord par arracher Zizi à ses tyrans.

Mais ce que je venais d'apprendre augmentait encore mon éloignement et mon mépris pour la petite d'Orville, que déjà et à tous risques j'étais bien décidé à ne jamais épouser ; et si je ne fis pas de suite cette déclaration à mon oncle, je ne fus retenu que par le seul espoir des événemens qui pouvaient survenir dans le délai qu'il m'avait accordé. Elle joignait donc aux défauts que je lui connaissais, d'être cruelle, vindicative et dissolue dans ses mœurs ! Elle s'était livrée à un jeune homme perdu de réputation, sa liaison coupable et clandestine avec lui avait produit un éclat qui avait entaché sa réputation, et on ne me la faisait sans doute épouser avec tant de précipitation que pour couvrir ses égaremens, pour faire oublier sa faiblesse ! Quelle horreur ! Et mon oncle qui avait tant à cœur, disait-il, l'honneur de sa famille, et qui connaissait l'inconduite de cette jeune personne, exigeait impérieusement que je l'épousasse ! Sa fierté n'était pas blessée par un semblable mariage ! Et c'est cette inconduite révoltante qu'il appelait indulgemment *une aimable étourderie, un* rare abandon, qui la montraient, ajoutait-il, ce qu'elle était!!!

Il paraît en effet que cette étourderie et cet abandon n'étaient rien moins qu'un mystère dans nos environs. Je le répète, mon ami, quelle horreur! Et quel motif si puissant peut porter cet oncle cruel à s'intéresser aussi vivement en faveur de mademoiselle d'Orville, peut le déterminer à lui sacrifier ainsi son neveu, le dernier rejeton d'une famille malheureuse dont il est fier d'être issu, et à laquelle il désire rendre son premier lustre et son antique splendeur! Est-ce donc en m'avilissant, en me déshonorant qu'il prétend y parvenir?... Je m'y perds, et si je ne craignais pour la vie du pauvre Prosper, j'irais sur-le-champ lui déclarer que je sais tout, et qu'il est inutile de penser davantage à conclure une alliance qui me couvrirait de honte et d'ignominie.

Que deviendrai-je, d'Arcy, et comment tout cela finira-t-il? Je n'ose en vérité chercher à pénétrer l'avenir. J'ai, mon ami, obtenu un délai de six mois; mais six mois sont si tôt écoulés! La perspective qui m'attend au bout de ce terme est tellement effrayante, qu'il me semble que j'y touche déjà, et que je n'ose l'envisager.... Nulle consolation! nul espoir! Cette fille déhontée, dans un âge aussi tendre, me tourmente, me poursuit sans relâche; et il m'est absolument impossible de l'éviter, parce que sa mère est tellement liée avec mon oncle, qu'il ne se passe pas de jour que je ne sois obligé de me trouver avec elle. Madame d'Orville d'ailleurs, de concert avec mon oncle, paraît chercher toutes les occasions de nous faire trouver ensemble, dans l'espoir sans doute d'accélérer le développement d'une inclination ou d'un goût qui est l'unique but de leurs soins, et qui comblerait leurs plus chères espérances.

Il n'est que trop vrai que cette jeune personne a déjà été l'occasion de plusieurs duels entre des jeunes gens ; que sa coquetterie et ses intrigues les ont mis aux prises ensemble, et qu'elle les a indiscrètement encouragés à prétendre à ses bonnes grâces. Je ne finirais pas, d'Arcy, si je voulais te raconter toutes les attaques, les agaceries, les brusqueries et même les menaces que j'ai eues à repousser et à combattre. Madame d'Orville, qui a beaucoup d'esprit et infiniment d'adresse, m'embarrasse encore davantage. Elle me cajole, me caresse et me traite avec tant de bonté, que si je pouvais être infidèle, et si je ne connaissais sa fille, il n'y a nul doute qu'elle n'eût réussi à me la faire épouser. Il paraît enfin qu'on s'est distribué les rôles. Mon oncle s'est chargé de m'épouvanter, madame d'Orville de me flatter, et sa fille de me séduire. Déjà l'on ne s'entretient partout que de mon mariage avec elle, et l'on aura sans doute cru en assurer près de moi la réussite, en le faisant passer dès à présent comme une chose décidément conclue! Ce projet ne réussira pas sans doute; mais ces tentatives sont si désespérantes, que, dans le chagrin que j'éprouve, je suis quelquefois près de rompre en visière à tous ces gens-là, et de leur dire les plus dures vérités, au risque de tout ce qui pourrait en arriver. Oncle dénaturé! à quel prix mettez-vous donc vos bienfaits! Ah! une faible portion de votre superflu suffirait pour me rendre heureux avec Isaure, pour vous faire chérir, pour vous faire bénir; et puisqu'il faut que le vice soit enrichi, je verrais sans le moindre regret mademoiselle d'Orville envahir votre fortune.

Je cherche à m'étourdir et à me consoler des peines que j'éprouve, en adoucissant, autant que je le puis, le sort des pauvres esclaves; et cela m'attire des re-

proches amers de la part de mon oncle. Il m'accuse de m'en faire aimer, il prétend que je les gâte; que pour en être bien servi, pour en tirer le plus grand parti, il faut absolument s'en faire craindre. Il prétend encore qu'ils sont nés méchans, vindicatifs, paresseux, entêtés; et qu'on n'en peut rien faire, si on ne les traite avec la plus grande sévérité. Aussi, pendant la durée des travaux, le fouet du commandeur retentit dans les montagnes et vient continuellement blesser mon oreille et comprimer mon cœur. Il ne se repose que lorsque je parais et que je m'empresse à en retenir les coups. Mon oncle, qui est accoutumé à ce bruit, gronde quand il cesse de l'entendre. « Je n'ai pas besoin,
« monsieur, me dit-il un jour, de m'in-
« former quand vous êtes sorti. Je n'ai,
« pour le savoir, qu'à prêter un instant
« l'oreille. Vos promenades me coûtent
« cher, elles ralentissent les travaux; et

« si vous ne changez de système, vous
« aurez bientôt dissipé ce que j'ai eu tant
« de peine à acquérir. J'espère que vous
« ne tarderez pas à vous défaire de ces
« petites afféteries qui ne pourraient se
« pardonner qu'à une petite maîtresse
« d'Europe ; car nos femmes ici n'y regar-
« dent pas de si près. »

Mon oncle a bien raison, puisqu'il ne se passe pas de jour où la petite d'Orville, pour ses menus plaisirs, ne fasse fustiger plusieurs de ses esclaves. Malheur à celle qui la voit le matin la première, si, avant son lever, un chien s'est avisé de japper. Malheur à celle qui se trompe de cinq minutes lorsqu'elle lui demande l'heure ; malheur enfin à celle qui est triste lorsqu'elle est gaie, ou à qui il échappe un souris lorsqu'elle a de l'humeur. Le fouet marche aussitôt. L'exécuteur est toujours le bras levé ; les esclaves ne respirent que quand ce bras se fatigue ; et je n'ai plus besoin d'être convaincu par Prosper; combien en effet, après la faute involontaire qu'elle a commise, la pauvre Zizi doit être malheureuse.

Il y a sans doute chez tous les peuples des sujets vicieux; mais il n'est pas vrai, mon ami, que les nègres soient, en général, ce que mon oncle les croit. Jamais il ne me persuadera que mon pauvre Prosper, et beaucoup d'autres que je connais, soient nés méchans, vindicatifs, paresseux et entêtés. Loin de là, il n'y a qu'un nègre capable de pardonner et d'endurer tout ce qu'il souffre; il n'y a qu'un nègre capable de l'oublier dès qu'on le traite avec quelque bonté, et il ne peut être paresseux celui qui, après avoir arrosé son champ de ses sueurs, tombe et meurt épuisé de fatigue.

Où sont les peuples civilisés qui auraient autant de patience et de résignation? J'ai reconnu qu'on obtient tout de l'attachement, de la reconnaissance d'un nègre, et que la douceur, les bons traitemens non-seulement doublent son zèle, mais soutiennent encore ses forces. Ceux qui me servent me donnent à peine le temps de demander ou celui de désirer. Ils épient dans mes regards ce que je veux, ce qui peut me faire plaisir; et souvent je n'ai pas encore dit un mot, je n'ai pas fait un geste, que je suis déjà servi. Pauvres gens! Ils trouvent le bonheur suprême à me voir satisfait de leurs services ; et lorsqu'au contraire ils sont devant mon oncle, ils osent à peine lever les yeux, ils osent à peine respirer; et s'il leur parle, la terreur les rend tout à coup immobiles, sourds et muets; ils exécutent mal ce que la crainte les a empêchés d'entendre; ils font tout de travers, vont à gauche au lieu d'aller à droite; et le fouet, qui marche aussitôt, loin de les rendre plus intelligens, achève de les dégrader et de les abrutir.

D'après la cruauté avec laquelle on les traite, je conçois qu'en effet une sévérité excessive et des châtimens rigoureux peuvent seuls les contenir, prévenir un soulèvement général, et qu'on a tout à craindre de leur désespoir. Il aurait fallu adopter un système plus humain, ne point exiger d'eux au-delà de leurs forces, ne pas provoquer enfin le désespoir. Mais on ne changera pas de principes, et l'on continuera d'être cruel et exigeant, parce que la tyrannie, toujours inquiète et alarmée de ses propres excès, ne trouve de sûreté que dans un accroissement de fureur; mais aussi, si jamais ces infortunés, poussés à bout, deviennent les maîtres, leur vengeance fera pâlir les générations futures, et malheur à ceux sur qui elle tombera!

Quittons ce tableau qui afflige l'humanité. Je désire que ma première lettre soit moins triste; mais je n'ose l'espérer.

Je te préviens qu'il se passe quelquefois quinze jours avant qu'un bâtiment mette à la voile, ce qui est cause que j'ajoute chaque jour à mes lettres jusqu'à celui où l'on vient m'avertir qu'un navire est près de partir. Voilà pourquoi elles sont aussi longues, et je te prie de les considérer seulement comme un journal de mon exil, dont je t'envoie les fragmens chaque fois que j'en trouve l'occasion. Celle-ci partira aujourd'hui, et je ne tarderai pas à t'instruire de la suite des événemens qui se préparent. Adieu.

LETTRE XXX.

Le même au même.

Des événemens importans, mon ami, viennent de succéder aux premiers, et je m'empresse de t'en instruire. Peu après avoir fermé ma dernière lettre, ne sachant de quel côté donner de la tête, ni où trouver même des consolations, je me rappelai tout à coup le gouverneur. Répondant avec empressement à la gracieuse invitation qu'il m'avait faite, lors de mon arrivée dans l'île, je l'avais été voir déjà plusieurs fois; et toujours il m'avait accueilli, non-seulement avec amitié, mais encore avec cet intérêt que, dans ma situation, je devais inspirer à un ancien camarade de mon père. Dans de précédentes visites il m'avait obligeamment questionné sur les motifs de la profonde tristesse à laquelle il avait remarqué que j'étais en proie. Je ne lui avais fait que des demi-confidences sur l'état de mon cœur; j'avais évité des détails qui pouvaient le fatiguer; il m'avait consolé, il avait adouci mes chagrins et soutenu mon courage. La circonstance fâcheuse dans laquelle je me trouvais était trop alarmante pour hésiter un instant à recourir à lui. Ce que j'avais à lui apprendre était si pressant, mes peines étaient si vives, j'avais tant besoin de consolation, que, quoique l'après-dînée fût déjà fort avancée, je me décidai à l'aller voir de suite.

J'ordonnai à Prosper de seller sur-le-champ deux chevaux, et de se disposer à m'accompagner. Je pris avec moi les lettres de ma mère; je montai à cheval,

je fis diligence, et j'arrivai chez le gouverneur à l'instant où il venait de sortir de table. Il était heureusement libre, et se promenait seul, avec un livre, dans un petit bois d'orangers. Je fus l'y trouver ; il m'aperçut de loin et vint à ma rencontre. « Ah ! c'est vous, monsieur
« le marquis, s'écria-t-il, je suis charmé
« de vous voir. Pourquoi donc n'êtes-vous
« pas venu me demander à dîner ; vous
« me l'aviez promis ? — Monsieur le
« comte, je n'ai pu choisir le moment,
« la nécessité l'a seule indiqué. J'éprouve
« de nouveaux chagrins, et au risque de
« me rendre importun je me suis décidé
« à venir de suite vous les confier, et à
« vous prier de m'accorder votre protec-
« tion et de m'aider de vos conseils. —
« Jeune homme, votre confiance me
« flatte, et j'y répondrai, parce que vous
« le méritez, parce que je le dois, parce
« que j'aimais votre père. Je connais

« monsieur votre oncle ; je suis même ins-
« truit d'une partie de ses projets sur
« vous ; il m'en a quelquefois entretenu
« avant votre arrivée ; j'imagine qu'il vous
« a fait connaître ses intentions, et qu'elles
« vous contrarient. N'importe ; mon rang
« dans la colonie me donne quelque pou-
« voir sur son esprit, et je l'emploierai
« avec empressement à vous être utile :
« ainsi, parlez et ouvrez-moi votre
« cœur. »

Encouragé par ces promesses obligeantes, je lui fis le récit de tout ce qui venait de se passer entre mon oncle et moi.
Je l'informai de l'ordre qu'il m'avait
donné de me préparer à épouser dans
six mois la petite d'Orville, et je lui fis
confidence, sous le sceau de l'honneur,
de tout ce que Prosper m'avait appris de
son intrigue avec ce Mery. Quand j'eus
terminé cette douloureuse narration :
— « Ah ! monsieur, lui dis-je, j'invoque

« l'amitié dont vous m'honorez, pour
« qu'elle parvienne à éloigner de moi
« une alliance qui me couvrirait de
« honte, et je ne l'invoquerai pas en
« vain. Je préfère vivre dans le besoin ;
« je préfère même travailler pour vivre
« plutôt que de posséder la fortune de
« mon oncle en épousant une semblable
« femme. Sauvez-moi, monsieur, je vous
« en conjure ; sauvez-moi, vous êtes mon
« unique refuge. — Je ne vous assurerai
« pas, mon jeune ami, me répondit-il,
« que je tiendrai secret ce que vous venez
« de me confier, puisque la conduite au
« moins inconsidérée de mademoiselle
« d'Orville n'en était pas un pour moi ;
« j'ai même des raisons de craindre en-
« core que beaucoup d'autres ne soient
« dans la confidence, et que ses incon-
« séquences, pour ne pas dire pis, n'aient
« déjà fait que trop d'éclat. Je vous pro-
« mets cependant de ne pas dire que

« vous m'en avez parlé, et je serai fi-
« dèle à cet engagement.

« Je ne peux qu'applaudir entre nous
« à votre délicatesse et à votre répugnance
« pour ce mariage ; je vous rends la jus-
« tice de croire que quand bien même
« votre cœur n'aurait pas été engagé,
« mademoiselle d'Orville n'aurait jamais
« été celle que vous auriez choisie pour
« épouse, et je vous engage, également
« sous le secret, à persister invariablement
« dans vos résolutions. Ce jeune Mery
« dont elle s'est amourachée long-temps
« avant votre arrivée, et dont sa famille
« a eu beaucoup de peine à l'éloigner, est
« le fils d'un colon du Fort-Royal, ruiné
« par son inconduite, qui marche à grands
« pas sur les traces de son père, et le plus
« grand ennemi de cette jeune personne
« ne le lui souhaiterait pour époux.

« Cependant, monsieur, vous devez
« des ménagemens à un oncle de qui

« vous avez tout à attendre. Il serait im-
« prudent à vous d'encourir sa dis-
« grace, et de sacrifier toutes vos espé-
« rances avant d'y être contraint par la
« dernière extrémité. Le temps amène
« bien des événemens, bien des change-
« mens; seul il peut vous sauver, seul il
« peut vous conduire au bonheur. Ne pré-
« cipitez donc rien. Profitez du délai que
« vous accorde monsieur votre oncle : ce
« délai est votre unique ressource, vous
« ne devez pas la négliger ; et si lorsqu'il
« expirera les choses sont toujours dans la
« même situation, il sera temps encore,
« si vous ne pouvez mieux faire, si vous
« ne pouvez autrement éviter ce mariage,
« de rompre entièrement avec lui.

« Peut-être même pourrai-je être assez
« heureux, en ne me bornant pas aux con-
« seils, pour vous rendre près de lui un
« important service. Ce serait de le déter-
« miner à étendre à un an le délai de six

« mois qu'il a consenti à vous accorder.
« Je crois qu'il me sera d'autant plus fa-
« cile de l'y déterminer, que je n'aurai
« pas de peine à le convaincre qu'une an-
« née entière vous est au moins nécessaire
« pour vous mettre, avant tout, bien au
« fait de son exploitation, de son com-
« merce, pour vous mettre en état de
« connaître à fond le pays, ses habitans,
« leurs mœurs, leurs usages; et je ne crois
« pas vous flatter d'un vain espoir en
« vous assurant que j'espère l'obtenir.

« Ah ! monsieur, m'écriai-je avec joie,
« quelle obligation ne vous aurai-je pas !

« Je l'étendrai encore davantage, con-
« tinua-t-il; car si à l'expiration du terme
« fatal votre situation à son égard n'est
« pas changée; qu'il faille opter entre ce
« mariage et l'honneur; qu'il faille enfin
« vous séparer de lui, eh bien ! alors, mon
« jeune ami, je m'emploierai avec zèle à
« vous obtenir, dans la colonie, quelque

« place qui puisse vous mettre à même
« d'épouser mademoiselle d'Aubignie, de
« la soutenir d'une manière, sinon con-
« forme à sa naissance, au moins dé-
« cente et honnête, et d'élever convena-
« blement la famille qui pourra vous sur-
« venir. »

Le malheureux naufragé, près d'être englouti par les flots, qui rencontre une planche de salut, avec laquelle il gagne le rivage, ne ressent pas plus de joie que ces paroles consolantes ne m'en firent éprouver. « Ah ! m'écriai-je hors de moi,
« vous êtes mon sauveur, vous êtes mon
« dieu tutélaire; et ma vie entière ne suf-
« fira pas pour vous prouver ma recon-
« naissance. Mais permettez une seule
« question. Comment se fait-il, mon-
« sieur, que mon oncle, qui paraît tenir
« aussi fortement à sa famille, qui ambi-
« tionne de la relever, qui m'appelle ici
« pour m'y tenir lieu de père et pour

« m'enrichir de son immense fortune,
« comment se fait-il qu'il m'impose une
« condition aussi dure, aussi humiliante,
« qu'il froisse ainsi mon cœur, qu'il l'o-
« blige à renoncer à la femme la plus esti-
« timable, pour épouser mademoiselle
« d'Orville, dont la réputation est enta-
« chée, qui est assez riche pour se passer
« de ses dons, et qui, malgré son incon-
« duite, trouvera toujours à s'établir ?
« Comment peut-il sacrifier ainsi son
« neveu à une femme qui lui est absolu-
« ment étrangère ? — Etrangère, dites-
« vous ? Ignorez-vous donc réellement
« qui est mademoiselle d'Orville ? —
« Comment, monsieur, que voulez-vous
« dire ? — Serait-il possible, en effet,
« qu'on ait ignoré dans votre famille ce
« que mademoiselle d'Orville est à votre
« oncle, quand personne ne l'ignore dans
« la colonie ? — Je ne pense pas, mon-
« sieur, que ma famille en ait été infor-

« mée; mais si elle a pu l'être, je vous
« assure que je l'ignore absolument. Eh!
« que lui est-elle, s'il vous plaît? —
« Avant, mon ami, que j'éclaircisse ce
« mystère, donnez-moi à votre tour votre
« parole d'honneur que jamais vous ne
« ferez connaître que c'est moi qui vous
« en ai instruit. — Je vous la donne......
« Pour dieu! Qui donc est-elle? — Sa
« fille. — Sa fille! — Oui, mon ami,
« sa fille : revenez à vous et écoutez-
« moi.

« Monsieur d'Orville, riche colon, fut
« obligé, peu après son mariage, de par-
« tir pour Madras, afin d'y régler des af-
« faires intéressantes, et qui ne pouvaient
« être promptement terminées que par
« lui. Il y séjourna deux ans; il mourut
« en revenant pendant la traversée, et il
« expirait peut-être au même instant où
« mademoiselle d'Orville venait de naître.
« Votre oncle avait trop intimement con-

« nu madame d'Orville avant qu'elle se
« mariât; et quoique dès-lors il l'aimât
« beaucoup, sa répugnance pour un se-
« cond mariage était telle, qu'il préféra,
« plutôt que de l'épouser, de la voir pas-
« ser dans les bras d'un autre. C'est ce
« qui arriva. La famille de madame d'Or-
« ville, alarmée de cette liaison scanda-
« leuse, se pressa de l'établir et de la don-
« ner à monsieur d'Orville; mais celui-
« ci fut à peine parti pour Madras, que
« cette liaison se renoua d'une manière
« plus scandaleuse encore. Votre oncle
« ne se gênait plus; madame d'Orville
« paraissait braver aussi l'opinion publi-
« que, et on ne sait ce qui serait arrivé,
« si le mari ne fût pas mort en route, et
« qu'il fût revenu dans la colonie. Ma-
« demoiselle d'Orville passe donc généra-
« lement, et avec raison, pour le fruit
« d'un adultère; l'époque où elle est née
« ne permet pas d'en douter, et la pu-

« blicité des amours de sa mère avec votre
« oncle ne laisse malheureusement au-
« cune équivoque sur sa naissance. —
« D'un adultère! m'écriai-je, quelle hor-
« reur! Et il veut me faire épouser le
« fruit de ce honteux amour! Ah! mon
« oncle, mon oncle! Quels qu'aient été
« vos torts envers moi, je ne vous croyais
« pas capable de manquer de délicatesse
« à ce point! — Jugez maintenant, jeune
« homme, si je dois louer la vôtre, ap-
« prouver votre répugnance, et applau-
« dir aux sentimens qui vous font préférer
« le besoin à une honteuse fortune. Il
« était d'autant plus nécessaire de vous
« instruire de cette circonstance, que
« vous êtes ainsi à même de connaître ce
« que vous avez à craindre ou à espérer.
« Vous apprécierez maintenant les motifs
« qui portent votre oncle à vouloir impé-
« rieusement ce mariage, et vous juge-
« rez en même temps si, du caractère

« qu'il est, vous pouvez vous flatter de
« parvenir jamais à l'y faire renoncer. —
« Oh! non, non, je sens actuellement,
« monsieur, que je ne dois pas l'espérer,
« et que toutes mes instances seraient
« vaines. L'amour paternel l'entraîne
« vers mademoiselle d'Orville, il lui croit
« des droits à sa fortune; l'honneur l'en-
« traîne vers sa famille, il sent que sa for-
« tune peut seule la relever, et dans l'em-
« barras où le jette une semblable situa-
« tion, je suis, moi, la victime qu'il sa-
« crifie à de si chers intérêts ! — Calmez-
« vous, mon ami, et dites-moi, car votre
« oncle dans ses momens d'humeur ne
« m'a instruit qu'imparfaitement de la
« nature de vos liaisons avec les d'Au-
« bignie, dites-moi si, indépendam-
« ment de votre éloignement fondé à
« épouser mademoiselle d'Orville, vous
« tenez invariablement à épouser made-
« moiselle d'Aubignie ; autrement il se-

« rait facile de vous faire faire ici un ma-
« riage avantageux et sortable. Etes-vous
« donc irrévocablement lié avec elle, et
« vos engagemens sont-ils de nature à ne
« pouvoir être rompus ? — Ah! mon-
« sieur, je ne puis être qu'à Isaure, et si
« elle n'est pas à moi, je n'appartiendraï
« jamais à une autre. Pardon, mais les
« malheurs qui m'ont séparé d'elle sont
« si grands, que j'ose à peine y réfléchir.
« Jugez vous-même s'il est possible que
« je puisse jamais l'oublier !

« La mort inattendue de mes parens,
« la perte de ma fortune, cette dépen-
« dance pénible qui révoltait ma fierté,
« et qui n'était rien en comparaison de
« celle où je me trouve placé près d'un
« oncle tyrannique, furent des coups af-
« freux qui m'accablèrent, et que l'amour
« que m'inspira mademoiselle d'Aubi-
« gnie put seul me rendre supportables.
« Ah! nos parens, dans l'espoir d'une al-

« liance qui flattait leur amitié, avaient,
« dès le berceau, provoqué cet innocent
« amour; et le succès n'avait que trop ré-
« pondu à leur attente. Ce fut Isaure qui
« me réconcilia avec ma situation; près
« d'elle mes peines furent suspendues, et
« loin d'elle elles viennent m'assaillir avec
« une nouvelle force. Je l'aimai, je l'ado-
« rai, parce qu'il me fut impossible de
« m'en défendre; mais je l'aimai en si-
« lence; je me sacrifiai pour éviter de
« troubler la paix de son cœur; car, dans
« le dénûment où je me trouvais, j'étais
« trop délicat pour, en prétendant à sa
« main, l'associer à mon infortune; et le
« ciel est témoin que je ne regrettai jamais
« ce douloureux sacrifice. Ah! que ne
« sommes-nous nés sous le chaume! nous
« serions maintenant heureux. Les mal-
« heurs qui bientôt l'accablèrent à son
« tour me firent connaître combien je
« l'aimais, et je pleurai son infortune que

« je n'avais pas encore versé une larme
« sur la mienne.

« Combien je me plaignis de l'affreux
« dénûment qui m'empêchait de me jeter
« aux pieds de M. d'Aubignie et de lui
« offrir de réparer ses malheurs! Combien
« de fois depuis je me suis plu à me
« placer en idée dans cette heureuse si-
« tuation! Je trouve, même aujourd'hui,
« la plus douce jouissance à considérer ce
« rêve comme une réalité; et j'ai dû la
« seule consolation que j'ai goûtée jus-
« qu'ici à ce délire de mon imagina-
« tion.... Dieu! rétablir la fortune de
« l'ami de mon père, de celui qui, dans
« l'abandon où je me trouvais, m'appe-
« lait au partage de ses biens; être l'ins-
« trument dont la Providence se serait
« servie pour récompenser ses vertus,
« celles de son épouse, pour sécher les
« larmes qui obscurcissaient les beaux
« yeux d'Isaure!.... Ah! monsieur, notre

« philosophie est fausse. Non, la puis-
« sance et la fortune ne sont pas des avan-
« tages chimériques : les posséder peut
« n'être rien ; mais les employer à un si
« noble usage est, sans contredit, le bon-
« heur suprême !

« Ah ! quand bien même mon cœur
« aurait pu jusque-là n'être pas touché des
« rares qualités et des charmes irré-
« sistibles de sa fille, comment aurait-
« il pu ne pas l'être de ses vertus ! C'est
« dans cet asile du malheur que je les
« lui vis toutes exercer avec une infati-
« gable ardeur ; c'est là que je connus
« tout ce qu'elle vaut ; c'est là que je la
« vis s'oublier elle-même pour ne s'oc-
« cuper que de ses parens ; c'est là que
« l'amour qu'elle m'avait inspiré reçut,
« par l'admiration, un tel degré d'accrois-
« sement, qu'il m'est devenu impossible
« de le vaincre. Et où trouverais-je celle
« qui pourrait la remplacer dans mon
« cœur ? Il n'est qu'une Isaure dans le

« monde; quand on l'a connue, on a dû
« l'aimer; quand on l'aime, il devient im-
« possible d'en aimer une autre; le ciel,
« dans sa munificence, ne crée pas dans
« le même siècle deux êtres aussi parfaits !

« Ce fut seulement la veille de mon dé-
« part que j'osai, par un billet, l'instruire
« de mes sentimens; que me flattant même
« qu'ils pouvaient être payés de quelque
« retour, je lui promettais que, si la for-
« tune m'était favorable, je viendrais de
« suite la mettre à ses pieds et solliciter sa
« main. *Conservez-vous*, lui disais-je,
« *pour Alphonse, si vous voulez qu'il*
« *vive.* Je me reproche maintenant de lui
« avoir fait cette prière. Je la connais,
« elle se sacrifiera pour moi. Mais si la
« fortune m'est contraire; si je dois vé-
« géter, vivre et mourir sous ce brûlant
« climat; si je dois succomber sous les
« vains efforts que je ferai pour la fixer,
« j'aurai donc condamné cette femme in-

« téressante à un éternel célibat. Et cepen-
« dant puis-je la rendre à elle-même tant
« que je conserverai l'espoir de la pos-
« séder ! La solliciterai-je à donner sa
« main à un autre ! Renoncerai-je à un
« semblable trésor ! Jamais, jamais !

« Quand, par de pénibles et d'impuis-
« sans travaux, épuisé de fatigue et de
« chagrins, mon âme torturée sera près
« de s'exhaler, il sera temps, en lui adres-
« sant un éternel et dernier adieu, de
« rendre Isaure à elle-même. Elle bril-
« lera encore de tout l'éclat dont la na-
« ture l'a parée, tandis que je serai con-
« fondu dans la poussière que j'aurai
« arrosée de mes stériles sueurs. Elle par-
« courra, appuyée sur le bras de l'heu-
« reux mortel qui m'aura remplacé, ces
« mêmes promenades que nous avons si
« souvent parcourues ensemble ; elle se
« reposera avec lui sous les mêmes ber-
« ceaux que j'ai élevés pour elle ; elle

« cueillera pour lui les fleurs que j'ai cul-
« tivées pour orner son sein ; elle lui of-
« frira peut-être celles que, la veille
« même de mon départ, je semai sur sa
« couche, comme un souvenir de mon
« amour; elle lui sourira comme elle me
« souriait.... et le malheureux Alphonse
« ne sera plus... Le malheureux Alphonse
« sera oublié!

« Pardon, monsieur, pardon. Il m'est
« impossible de vaincre ma sensibilité ;
« vous venez involontairement de rouvrir
« une plaie encore saignante...... Je m'é-
« gare, je m'oublie... Mon cœur se brise...
« Ah ! ne me demandez plus si je puis
« oublier Isaure, demandez-moi plutôt si
« je puis cesser de vivre ! »

Aussi alarmé qu'ému de l'état dans lequel il me voyait, le gouverneur me serra
dans ses bras; puis les yeux humides et
d'une voix attendrie au récit de mes souffrances : « Oh ! non, non, mon digne et

« vertueux ami, s'écria-t-il, non, je ne
« vous proposerai plus de renoncer à ma-
« demoiselle d'Aubignie; loin de là, je
« vous promets de seconder de tout mon
« pouvoir les efforts que vous allez faire
« pour vous rapprocher d'elle. Je met-
« trai mon bonheur à vous rendre heu-
« reux ensemble; et, je le répète, si d'ici
« à un an nous ne parvenons pas à vain-
« cre votre oncle et à vous conserver sa
« fortune, je m'acquitterai de ma pro-
« messe, je vous procurerai une place
« convenable, vous irez chercher made-
« moiselle d'Aubignie, et accompagné de
« son respectable père, c'est moi qui la
« conduirai à l'autel. »

Pardonne, mon ami, si je ne t'ai fait
grâce de rien. Comment ne l'aurais-je pas
fidèlement rendu ce qui s'est passé dans
cette intéressante entrevue, ce qui me
touche autant, ce qui est si bien gravé
dans ma mémoire? Tu concevras aisé-

ment, d'Arcy, que, toutefois qu'il sera question d'Isaure, cette mémoire ne sera jamais infidèle, et qu'elle me retracera sans effort ce dont mon cœur est aussi vivement pénétré. J'ai saisi, j'en conviens, avec empressement cette occasion de te peindre pour la centième fois peut-être l'extrême amour que m'inspire cette femme incomparable; sois indulgent, mon ami, les amans ressemblent aux vieillards, ils aiment à se répéter, ils ne croient jamais avoir tout dit.

Rassuré par l'amitié et par les promesses consolantes du gouverneur : « Vous
« me rendez à la vie, lui dis-je, monsieur ;
« et le calme rentrerait dans mon cœur si
« mon oncle, en prétendant torturer ma
« conscience, n'avait prescrit le même
« terme de six mois à mon changement
« de religion. » — « Comment, que vou-
« lez-vous dire ? Votre famille est protes-
« tante, est-ce que vous-même vous ne

« le seriez pas ? » — « Non, monsieur,
« je ne l'ai jamais été, et je fus élevé par
« ma mère dans la religion catholique. »
« — Comment ! vous êtes catholique ?
« Vous m'étonnez.... Mais alors comment
« vos biens furent-ils donc confisqués ? »
« — On ignorait, monsieur, que je fusse
« catholique, car je ne l'étais ni par sys-
« tème, ni par politique, ni par cupidité.
« Lorsque mon père périt pour sa reli-
« gion, lorsque ma mère mourut de cha-
« grin, lorsqu'on confisqua nos biens,
« j'étais jeune encore, sans protection et
« sans appui. M. d'Aubignie s'était bien
« proposé d'entreprendre de me les faire
« restituer; mais il était depuis si long-
« temps éloigné de la cour, qu'il y était
« lui-même presque sans crédit. Il allait
« cependant s'en occuper, lorsque les mal-
« heurs qui déjà le menaçaient, et dont il
« ne tarda pas à être la victime, vinrent
« suspendre ce généreux projet. Je partis,

« et ce projet fut oublié. Mon oncle, loin
« de croire à la sincérité de mes opinions
« religieuses, me soupçonne au contraire
« d'avoir apostasié, d'avoir trahi ma cons-
« cience par un vil intérêt. Ah ! je vous
« jure que la religion que je professe est
« la religion de mon cœur. Tenez, mon-
« sieur, voici les lettres de ma mère qui
« viennent à l'appui de ce que j'avance;
« et s'il peut vous rester encore quelques
« doutes, vous serez bientôt convaincu
« en les parcourant de la véracité et de
« la délicatesse de mes sentimens. »

Il m'embrassa. « Je vous crois, mon
« ami, et je vous crois sans preuves,
« parce que je vous connais maintenant,
« et que j'apprécie votre délicatesse et
« votre loyauté; mais je connais aussi
« votre oncle; il pense mal des hommes,
« il les juge incapables de se diriger par
« un autre principe que l'intérêt person-
« nel; et voilà sans doute ce qui l'em-

« pêche de vous croire. D'un autre côté
« je sais qu'il tient plus par esprit de parti
« et par ressentiment que par un attache-
« ment réel à la cause qui a amené la des-
« truction de sa famille, et qu'il agirait
« de la sorte quand bien même cette cause
« aurait été différente. Ecoutez, mon jeune
« ami, montrez-lui quelque docilité, lais-
« sez-lui ses espérances, je tâcherai d'ob-
« tenir de lui autant d'indulgence sur ce
« point que sur l'autre, et de le faire con-
« sentir au même délai ; mais je ne vous
« dissimule pas que je n'ose me flatter
« d'y réussir. Néanmoins rassurez-vous ;
« cette persécution pourra vous devenir
« singulièrement utile. Venez me voir de-
« main, venez dîner avec moi. Je vous
« dicterai un placet au roi ; nous l'ap-
« puierons des lettres de madame vo-
« tre mère, car tout le monde n'aura pas
« comme moi la confiance de vous croire
« sur parole ; je l'enverrai à une de mes

« parentes, qui est bien en cour; j'y ai
« des amis puissans que je ferai agir, qui
« la seconderont, et peut-être cette ten-
« tative aura-t-elle quelque succès. Déjà
« on commence à s'apercevoir en France
« que la persécution ne fait pas de prosé-
« lytes, et que l'indulgence et la persua-
« sion réussissent mieux que la violence.
« Au reste, espérez; mais ne vous flattez
« pas. — Ah! m'écriai-je avec ravis-
« sement, comment pourrai-je vous
« prouver toute ma gratitude?—En m'ai-
« mant, mon ami. — Homme géné-
« reux et compatissant! eh! comment
« pourrais-je ne pas vous aimer, vous
« qui êtes véritablement pour moi un se-
« cond père. Ah! non-seulement Isaure
« et moi nous vous bénirons, mais nous
« apprendrons encore à nos enfans à vous
« bénir; et nous vous prouverons que si
« nous sommes pauvres en biens, nous

« sommes riches au moins en sensibilité
« et en reconnaissance. »

J'étais heureux, d'Arcy, mais je ne pouvais me résoudre à l'être seul ; et oubliant pour un instant la perspective flatteuse qui s'ouvrait devant moi, je me souvins de mon pauvre Prosper. « Après
« tant de grâces, monsieur, dis-je au gou-
« verneur, puis-je espérer d'en obtenir
« encore une ? Je crains avec raison de
« me rendre importun. — Parlez. —
« Mademoiselle d'Orville a parmi les
« esclaves attachées à son service une
« jeune négresse nommée Zizi, qui en
« est maltraitée, qui est bien malheureuse.
« Oserais-je vous prier, monsieur, de
« faire donner ordre à un courtier de l'a-
« cheter à tout prix. Je crois d'ailleurs
« que sa maîtresse ne sera pas fâchée de
« s'en défaire. Je vous remettrai vos dé-
« bours avec remercîment, car quelque

« tort que puisse avoir mon oncle à mon
« égard, il n'a certainement pas celui de
« me laisser manquer d'argent. »

Le gouverneur me regarda avec étonnement et hésitait à me répondre. Je m'aperçus de son erreur, et je me hâtai de le désabuser. « Détrompez-vous, monsieur,
« lui dis-je en souriant, et rendez-moi
« plus de justice. Je ne connais pas Zizi,
« mais je m'intéresse à elle parce que
« mon pauvre Prosper s'y intéresse en-
« core davantage. Ils s'aiment, et cette
« malheureuse éprouve journellement les
« plus mauvais traitemens de la part de
« sa maîtresse depuis qu'elle a eu le
« malheur de la laisser surprendre avec
« Mery par sa mère. — Pardon, pardon,
« mon cher ami, d'un moment d'hésita-
« tion, d'un moment d'erreur. Je vous
« promets, pour réparer ma faute, d'exé-
« cuter votre petite commission et de con-
« tribuer ainsi au bonheur de Zizi et de

« Prosper. Mais pour qu'on ne se doute
« pas de nos intentions, il convient d'at-
« tendre l'époque où se font ordinaire-
« ment les achats d'esclaves, et vous en-
« gagerez Prosper à prendre patience
« pendant environ six semaines. — Ce
« n'est pas tout, monsieur, je vous prie
« encore d'avoir la bonté de la placer
« chez vous, et cela par deux raisons.
« La première, lui dis-je en riant, pour
« achever de vous convaincre que l'inté-
« rêt que je prends à elle ne m'est nul-
« lement personnel ; la seconde, parce
« que je ne puis la mettre chez mon on-
« cle, qui ne manquerait pas de la rendre
« à mademoiselle d'Orville. — Eh bien !
« en considération du second motif seu-
« lement, je consens à la garder chez
« moi ; car je n'ai plus besoin, mon ami,
« d'être rassuré sur le premier. »

Je pris congé du gouverneur, enchanté
du résultat de ma visite, et me promettant

d'être exact le lendemain au rendez-vous. Prosper, en me voyant monter à cheval pour retourner chez mon oncle, parut surpris du changement qu'il remarqua sur mon visage, et je jouissais de sa surprise. Il me fixait avec étonnement; et quoique nous fissions route, au lieu de rester derrière, il poussait de temps en temps son cheval à côté du mien; il me considérait attentivement, pour s'assurer sans doute si ce changement subit se soutenait; et satisfait de mon air gai et ouvert, il reprenait joyeusement sa place.

Enfin il ne put résister plus long-temps au désir de s'assurer de la vérité. « Vous « content, bon mait'? me demanda-t-il « d'une voix timide et mal assurée. — « Oui, Prosper. — Vous plus chagrin du « tout? — Non, Prosper. — Pas petit « peu? — Du tout, du tout. — Ah! s'é- « cria-t-il avec joie, Prosper bien content. « Gouverneur li consolé bon mait'. Li,

« bon blanc aussi, gouverneur, li bon à
« pauv' nègre. Pauv' nègre beaucoup
« aimé li. — Assurément il le mérite. —
« Ah! Prosper bien aise, bon maît' con-
« tent. — Tu ne penses donc plus à ta Zizi?
« — Ah! oui, oui, bon maît', pensé tout
« de même. — Et cela ne te rend pas triste?
« Ah! Prosper li oublié chagrin quand
« bon maît' content. — Merci, Prosper,
« je reconnais là ton bon cœur ; mais tu
« seras content aussi, je te l'ai promis, et
« j'ai commencé à te tenir parole. — Quoi
« vous disé, bon maît' ? — Je viens de
« prier monsieur le gouverneur de faire
« acheter Zizi et de me la garder. Il me
« l'a promis, et bientôt elle n'aura plus
« à souffrir des mauvais traitemens de
« mademoiselle d'Orville. » Il me regar-
dait avec de grands yeux étonnés, et paraissait ne m'avoir pas compris. Je fus obligé de lui répéter une seconde fois la même
chose; mais à peine l'eût-il bien entendue,

qu'il resta frappé comme de la foudre. Tout à coup il se précipite à bas de son cheval, se jete à genoux au devant du mien, et se fût fait écraser, si, de suite, avec adresse, je ne fusse parvenu à m'arrêter.

Prosterné devant moi, il tenait ma botte, la baisait, la mouillait de ses larmes, et elles le suffoquáient au point de lui ôter la parole. Quand enfin il put se faire entendre. « Ah! merci, merci, bon mait': Prosper, pauvre esclave; li pas pouvé faisé bon mait', content. Li pas pouvé faisé
« plaisir à bon mait', mais li donné sa vie,
« tout son sang; li pas pouvé donné davan-
« tage: mais li prie bon Dieu pour béni
« bon mait' li prié bon Dieu donné à li
« jolie pétit maîtresse là bas; li prié bon
« Dieu pour bon mait' pas mari à mamselle
« Milie. Pauv' Zizi! Li plus battue, plus
« souffri, plus misérable! Ah! pauv' Zizi,
« coûté beaucoup argent à bon mait';

« mais Prosper travaillé beaucoup
« pour payer li. — Cela n'est pas néces-
« saire ; et j'espère bien un jour pou-
« voir être à même de vous rendre tous
« deux à la liberté. — Pas besoin liberté,
« bon mait' ; pas besoin : coûté encore
« l'argent à vous. Prosper, Zizi, toujours
« esclaves à bon mait', toujours servi bon
« mait', toujours contens. — Tu crains de
« me coûter de l'argent, mon ami ; ne
« t'inquiète pas de cela, je n'en manque
« pas, et je ne crois pas pouvoir mieux
« l'employer. — Ah! mais Prosper, li en-
« core chagrin ; vous pas content pour
« vous, bon mait', vous content pour Pros-
« per, vous encore misérable. — Eh bien !
« mon ami, sois également rassuré sur
« mon compte ; le gouverneur m'a promis
« que je serais heureux ; il m'a dit des
« choses qui m'ont beaucoup consolé.—
« Ah! bon Dieu, bon Dieu, grand bon-

« heur ! grand bonheur ! Prosper plus chagrin du tout, du tout.

« Allons monte à cheval, et tâche de « cacher ta joie; car mon oncle s'en aper- « cevrait, et tout serait perdu.—Oui, oui, « bon mait'; Prosper bien caché. Li caché « plaisir pour pas gâté plaisir. Li mon- « tré visage chagrin. — Cela n'est pas né- « cessaire, Prosper, montre ton visage « ordinaire. — Voulez, bon mait', Pros- « per disé à Zizi ? —Oui, si tu es certain « qu'elle n'en parlera pas.—Oh! non, non ; « Zizi pas parlé du tout. — A la bonne « heure.—Bon mait'?—Eh bien ! quoi ?— « Voulez bien, Prosper montré ici con- « tent?—Oh! oui, ne te gêne pas, tu peux « donner carrière à ta joie. »

Nous cheminions à travers un bois, et le bon Prosper avait peine à se contenir. Il était tellement ravi, qu'il chantait son bonheur, à demi-voix, dans son bara- gouin. Quand je le regardais, décontenancé et craignant de m'avoir déplu, il se taisait aussitôt; mais à peine avais-je tourné la tête qu'il reprenait sa chanson de plus belle. Ces malheureux chantent également leurs plaisirs et leurs peines, ils charment même par des chants la fatigue d'un travail extrême, et chez eux la cadence marque chaque effort de leurs bras épuisés.

« Chante, Prosper, chante jusqu'à la
« sortie du bois; je te le permets. — Vous
« permettez, bon mait'? Voulez bien Pros-
« per chanté petit peu. — Oui, mon ami;
« mais quelle chanson chantais-tu là? — Li
« été chanson à Zizi, bon mait'. — Quoi!
« une chanson que Zizi t'a apprise? — Oh!
« non, non, bon mait', li été petit chanson
« française Prosper faisé pour Zizi. — Com-
« ment, Prosper, tu sais faire des chansons
« françaises? — Oui, bon mait'. Prosper
« capable faisé tout pour Zizi. Prosper
« faisé chanson pour Zizi, chanté à Zizi,

« Zizi voulé entendé toujours, Zizi, beau-
« coup plaisir quand Prosper chanté.—
« Eh bien! chante-la donc, je suis curieux
« d'entendre une chanson d'amour com-
« posée en français par Prosper pour
« Zizi. »

Il ne fallait rien moins que cette circonstance, et l'isolement où nous nous
trouvions, pour autoriser une semblable
liberté; car, en ce pays, un esclave ac-
compagnant son maître doit le suivre en
silence, et ne peut se permettre une semblable licence sans blesser l'étiquette et
sans violer les principes reçus dans la colonie. Mais nous étions seuls; j'étais satisfait, je voulais que Prosper, qui l'était
aussi, pût l'exprimer à sa manière. Je ne
craignais pas la censure; je ne craignais
pas de blesser la morgue des colons, et si
tout à coup il eût paru quelqu'un, j'en
eusse été quitte pour le faire taire.

Ce pauvre esclave, enchanté de la permission, ne se fit pas prier deux fois, et il chanta de suite sur un air très-baroque sa chanson favorite. Il commença d'abord avec un volume de voix assez raisonnable; mais il recommença tant et tant, qu'il finit par y mettre une voix de stentor, et il poursuivit ainsi sans se lasser jusqu'à la sortie du bois. Je t'envoie cette chanson à cause de sa simplicité et de son originalité. Il ne m'a pas été difficile de la retenir, et je t'assure que, quoique répétée par Prosper jusqu'à satiété, elle me parut extrêmement touchante, par l'expression qu'il lui donnait, et qui, chaque fois qu'elle était répétée, lui prêtait un nouveau charme. Je t'exempte toutefois d'en admirer la versification et la richesse des rimes.

CHANSON NEGRE.

Prosper aimé Zizi,
Zizi aimé Prosper :
Prosper, mari Zizi ;
Zizi, femme à Prosper.

Prosper vou'é Zizi,
Li donné à Prosp r
Beaucoup petits Zizi,
Beaucoup petits Prosper,
Pour bien aimé Zizi,
Pour bien aimé Prosper.

Quand il eut fini : « Elle est fort bien, « lui dis-je, ta chanson. J'en suis très- « content. — Vous trouvé, bon mait' ? — « Certainement, mon ami ; mais tu dois « avoir eu beaucoup de peine à la faire ? « — Pas du tout, bon mait' ; Prosper li « faisé tout de suite. Li aimé tant Zizi, « li trouvé chanson bien vite. Li aimé « aussi bon mait' ; li faisé aussi chanson

« pour li. — Comment, Prosper, tu ferais
« à l'instant même une chanson pour
« moi ? — Oui, bon mait'. Prosper li
« faisé, li chanté à présent. Ecoutez, bon
« mait'. — Non, Prosper, ce sera pour
« une autre fois. Nous voilà bientôt hors
« du bois, nous ne tarderons pas à arri-
« ver ; mais je ne t'en tiens pas quitte.
« Amuse-toi à la composer en silence,
« car je vois venir du monde, et il n'est
« plus temps de causer ni de chanter. —
« Oui, bon mait', Prosper plus parlé du
« tout. » Et avec le regret de n'avoir pu
entendre ce nouvel improvisateur, nous
arrivâmes enfin chez mon oncle.

On allait se mettre à table. A peine y
fus-je placé que mon oncle s'aperçut que
j'avais un air satisfait qui ne m'était pas
ordinaire. « Vous avez été promener,
« monsieur, me dit-il, cette après-midi ?
« — Oui, mon oncle, j'ai été rendre vi-
« site à monsieur le gouverneur, qui m'a

« même invité à aller dîner demain chez
« lui. — Vous faites fort bien, monsieur,
« de cultiver sa connaissance. Monsieur
« le comte de *** est un seigneur recom-
« mandable par son rang et par son ca-
« ractère. Il m'a toujours distingué et
« honoré de sa bienveillance. Il paraît
« étendre jusqu'à vous l'amitié qu'il me
« porte, et je vous engage à profiter de
« ses bontés. Il vous donnera d'excellens
« avis, que je vous conseille de suivre. —
« C'est aussi mon intention, mon oncle,
« et vous pouvez même à cet égard comp-
« ter sur mon exactitude. — C'est très-
« bien, monsieur, c'est très-bien, me ré-
« pliqua-t-il ; je commence à être moins
« mécontent de vous. Continuez à être
« docile, et vous vous en trouverez bien.
« Ce nègre, ajouta-t-il, en me montrant
« Prosper, paraît vous être fort attaché ;
« il vous plaît, son service vous est agréa-
« ble. Eh bien ! pour preuve de ma sa-

« tisfaction je vous le donne ; mais ne le
« gâtez pas, car il m'en gâterait bien
« d'autres.

« Défaites-vous surtout de ces idées
« philantropiques et romanesques que
« vous avez apportées d'Europe, et ap-
« prenez enfin à connaître les hommes. Ne
« vous livrez pas trop légèrement à eux,
« et ne croyez pas trop facilement à leur
« probité. Tous ces beaux sentimens ne
« se trouvent que dans les livres ; ils y
« sont souvent placés comme un piége
« pour faire des dupes, et la jeunesse en-
« thousiaste et sans expérience en est jour-
« nellement la victime.

« Sachez qu'il y a plus d'actions ou de
« procédés honnêtes qu'il n'y a d'honnê-
« tes gens ; qu'il y a beaucoup plus de
« fripons que de gens honnêtes ; et que,
« s'il n'y en a pas encore davantage,
« c'est que les uns ne trouvent pas d'oc-
« casions favorables de l'être ; que d'au-

« tres craignent le châtiment; que d'au-
« tres enfin ne se soucient pas d'être
« fripons à trop bon marché. Chez quel-
« ques-uns la prudence l'emporte sur la
« tentation ; mais que la tentation aug-
« mente, que l'impunité se montre, et
« le fripon s'enhardira. Pour ces gens-
« là une friponnerie n'est qu'une spécu-
« lation, comme beaucoup d'autres, dans
« laquelle ils veulent que les bénéfices
« soient proportionnés aux risques, et
« dans laquelle ils ne s'aventurent qu'en
« raison de ce qu'ils trouvent à gagner.
« Je perdrai ma bourse dans une fête:
« eh bien! elle me sera rendue par ce-
« lui-là même qui s'occupe à m'enlever
« ma fortune. La restitution qu'il me fait
« d'une bagatelle lui donne un vernis
« d'honnêteté qui est nécessaire au succès
« de la spoliation qu'il médite, à la réus-
« site d'un coup plus lucratif. Il est au-
« dessus de me garder ma bourse; il ne

« l'est pas de dénaturer, de falsifier des
« piéces pour parvenir à m'enlever cent
« mille écus. Des fripons plus timorés se
« bornent tantôt à vous calomnier pour
« vous faire renvoyer et envahir votre
« emploi, à vous faire déshériter pour
« hériter en votre place, à corrompre vos
« commis et vos gens d'affaires pour sur-
« prendre le secret de votre fortune et
« s'élever à vos dépens; enfin à décré-
« diter vos denrées pour mieux vendre
« les leurs. Le métier de fripon a, comme
« tout autre, ses degrés et ses diverses
« branches; et ceux qui l'embrassent s'y
« classent suivant leurs moyens, leur in-
« telligence, leur situation, et les chan-
« ces qu'ils veulent bien courir. Au sur-
« plus, monsieur, le fripon heureux qui
« a l'adresse, en établissant ses spécu-
« lations hors de la sphère des tribunaux,
« d'échapper au châtiment, est reçu et
« vu dans la société tout comme un au-

« tre : de même qu'à Sparte, on n'en
« chasse que les voleurs maladroits. On
« pend un malheureux que la misère a
« porté à prendre un écu ; l'on sourit à
« celui qui a eu l'adresse d'en voler im-
« punément cent mille.

« Ne voit-on pas tous les jours à la table
« des grands et dans les meilleures so-
« ciétés des hommes en place, des finan-
« ciers, des traitans, des fournisseurs
« sortis la veille du néant, qui en un
« clin-d'œil sont parvenus à élever des
« fortunes scandaleuses aux dépens de
« l'état, du peuple et du soldat ? Un luxe
« insolent couvre, en apparence, leurs
« concussions et leurs rapines ; ils ont un
« excellent cuisinier, une bonne cave, de
« magnifiques hôtels, ils reposent sous
« des lambris dorés malgré le cri de leur
« conscience ; ils sont riches, ils ont
« réussi, c'en est assez ; on court au-de-
« vant d'eux. Les gens timorés, les gens

« scrupuleux finissent par s'apprivoiser
« avec leur table ; et, maîtrisant l'opinion
« publique, l'audace de ces vampires est
« telle, que, bravant le mépris, ils ne ca-
« chent même pas l'origine honteuse de
« leur opulence. Croyez-moi, monsieur,
« ce ne sont que les petits voleurs, et les
« voleurs maladroits qui peuplent les
« galères et qui décorent les potences.

« En matière de religion, comme en
« politique, les hommes sont encore les
« mêmes. Les trois quarts se feraient de-
« main circoncire pour avoir des places
« ou de l'or. D'autres, après avoir crié
« *vive la ligue*, parce qu'elle les faisait
« vivre, ont encore crié plus fort *vive le*
« *roi*, pour ne pas mourir de faim, pour
« en obtenir de l'emploi, pour faire ou-
« blier le rôle méprisable qu'ils avaient
« joué la veille ; mais que le prince ne
« compte pas sur le zèle outré et même
« persécuteur que ces êtres vils manifes-

« tent pour son service ; car ils sont prêts
« à crier encore demain *vive la ligue*, si
« la ligue pouvait renaître et favoriser par
« ses désordres leur ambition ou leur cu-
« pidité. Tous ces coquins-là sont à celui
« qui les paie davantage ; et comme les
« chiens, ils se tournent du côté où il y a
« la meilleure curée à faire.

« Ne vous passionnez donc jamais, ni
« pour les hommes, ni pour les choses.
« Ne vous laissez jamais captiver par les
« apparences ; plus elles vous paraîtront
« favorables, plus vous devez vous en dé-
« fier ; car le succès de celui qui veut
« tromper tient aux apparences dans les-
« quelles il s'enveloppe. Soyez honnête et
« délicat ; mais agissez comme si personne
« autre que vous ne l'était.

« Après vous avoir appris à garantir
« votre fortune des embûches des fri-
« pons, il me reste à vous indiquer com-

« ment vous devez vous conduire dans le
« monde.

« Dans la société et dans les circons-
« tances peu importantes qui n'intéres-
« sent pas votre fortune, abandonnez-
« vous, laissez-vous faire à un certain
« point, laissez les hommes agir et parler
« comme bon leur semble. Que vous im-
« porte alors qu'ils adorent Dieu ou Baal ;
« qu'ils soient probes ou fripons, bons
« ou méchans, moraux ou immoraux.
« Souffrez qu'ils aient raison, lors même
« qu'ils disent des sottises; applaudissez
« au lieu de lever les épaules ; approuvez
« même avec l'un ce que vous avez dés-
« approuvé avec l'autre ; souvenez-vous
« que la société est un théâtre sur lequel
« chacun joue le rôle qui lui convient ;
« qu'il ne faut jamais interrompre un ac-
« teur quand il est dans l'esprit de son
« personnage, et rappelez-vous que dans

« le monde tout passe, hors le ridicule.
« Loin d'y rejeter la fausse monnaie, on
« la reçoit avec empressement, on la
« prend comme de l'argent au titre, on la
« passe de même à son voisin, et on ne la
« refuse que dans son comptoir.

« Vous verrez, par exemple, chez moi
« des individus qui me trompent dans des
« bagatelles; je le souffre, je consens à
« être dupe quelquefois, parce que j'en
« tire des leçons pour ne l'être pas ailleurs.
« Vous en verrez d'autres qui me caressent
« et me détestent, qui me louent, et qui,
« loin de moi, non-seulement tiennent de
« mauvais propos, mais qui s'occupent
« encore à me rendre de mauvais ser-
« vices. C'est là où je les attends. D'autres
« me vantent leur probité, en tendant des
« pièges à ma bonne foi; je ris de leurs
« projets, je m'amuse de leurs espérances,
« je leur échappe à l'instant où ils croient
« me saisir.

« Les femmes sont les seules par qui je
« consens quelquefois à être trompé,
« parce qu'il n'est question que de baga-
« telles, parce que je ne puis m'amuser
« sans elles, et qu'il est juste que je paie
« mes plaisirs. Elles me friponnent, par
« exemple, souvent au jeu, et se permet-
« tent de faire de légères saignées à ma
« bourse, en ayant l'air de n'en vouloir
« qu'à mon cœur. Je les laisse faire, parce
« que, si l'on s'arrêtait à de semblables
« niaiseries, il faudrait se résoudre à vivre
« en ermite. Mais je me divertis de tout
« cela; quelques centaines de piastres de
« plus ou de moins au bout de l'année ne
« sont pas une affaire, et j'ai seulement
« soin que le prix de ce genre de diver-
« tissement ne passe pas mes limites.

« Mais, en paraissant déraisonner avec
« tout le monde, applaudir tout le monde,
« caresser tout le monde, et ne vous
« occuper que de plaisirs, que la conser-

« vation, que l'accroissement de votre
« fortune soit constamment votre point
« de mire, et que, loin de le perdre de
« vue, vos jouissances soient l'enveloppe
« mystérieuse qui dérobe à tous les regards
« le seul objet qui vous captive. Il est pi-
« quant d'être entraîné vers la fortune par
« le torrent des plaisirs. Que rien ne vous
« détourne de ce but, qu'aucun obstacle
« ne vous arrête, qu'aucune contrariété
« ne vous refroidisse ; avec de la persévé-
« rance et de l'adresse, vous ne pouvez
« manquer de réussir, et vous devez le
« désirer; car on n'est rien sans la fortune,
« et l'on est tout avec elle. On me trouve
« du mérite, de l'esprit, des talens et de
« l'amabilité; je ne suis pas dupe de ces
« flagorneries; je sais m'apprécier : qu'on
« me dépouille demain du dernier écu, je
« serai moins qu'un homme ordinaire,
« et je ne serai plus bon qu'à jeter à la
« voierie.

« Profitez de ces avis : vous trouverez
« sans doute, monsieur, dans tout ceci,
« beaucoup d'égoïsme, beaucoup de ma-
« chiavélisme, et vous aurez raison ; mais
« enfin, ce n'est pas ma faute s'il n'y a
« que les machiavélistes et les égoïstes qui
« réussissent dans le monde, et si les
« bonnes gens sont toujours dupes.

« J'ai encore à vous renouveler une
« recommandation fort importante. Dé-
« faites-vous absolument de l'excessive et
« ridicule indulgence que vous avez pour
« mes nègres. Vous me les gâtez, mon-
« sieur ; on n'en pourra plus rien faire.
« Vous vous imaginez en savoir plus que
« vos maîtres : désabusez-vous. Vous ne
« connaissez pas les nègres. Tâchez de ne
« pas faire connaissance avec eux à vos
« dépens, et profitez au moins de l'expé-
« rience des autres. — Pardon, mon on-
« cle, lui répondis-je, si, pour achever de
« me convaincre, j'ose vous prier de me

« permettre un essai. Accordez-moi, je
« vous en conjure, la permission de di-
« riger, seul et comme il me plaira, la
« caférie qui n'est pas loin d'ici, et sur
« laquelle il n'y a qu'une vingtaine d'es-
« claves. Elle est isolée; et si j'y fais des
« sottises, vous n'avez pas à craindre
« qu'elles s'étendent plus loin. — C'est-à-
« dire, monsieur, que pour achever de
« vous persuader, il faut courir le risque
« de perdre vingt nègres? Vous ignorez
« donc que dans ce nombre se trouve le
« trop célèbre Yambu que j'ai été obligé
« d'y reléguer, parce que les châtimens
« les plus sévères n'ont pu dompter son
« esprit de rébellion. Il a, dit-on, été
« souverain chez lui, et il s'imagine, à
« cause de cela, qu'il ne doit rien faire!
« Pourquoi donc s'est-il laissé vendre?
« Croit-il que je l'aie acheté pour se pro-
« mener et se chauffer au soleil? N'im-
« porte; puisque vous ne vous en rappor-

« tez pas à moi, et qu'il vous faut une
« leçon à vos dépens, vous l'aurez, j'y
« consens, et je vous laisse le maître de
« diriger pendant l'année la petite ca-
« férie comme bon vous semblera. Aussi-
« bien ma santé décline sensiblement. Ce
« climat brûlant m'a absolument usé, et
« je ne crois pas qu'il me reste encore
« beaucoup à vivre. Mon rôle se termine,
« je ne m'en suis pas mal acquitté ; il faut
« finir, je ne regrette pas la vie, et je me
« console de la quitter à l'époque où, loin
« de pouvoir continuer d'en jouir, j'allais
« immanquablement devenir à charge aux
« autres et en proie aux infirmités qui,
« dans un âge avancé, viennent assiéger
« l'espèce humaine ; je me console enfin
« dans l'espoir que, si vous êtes docile, si
« vous vous prêtez au mariage que je dé-
« sire, vous ne tarderez pas à être en état
« de me remplacer. »

Je le rassurai, mon ami, sur l'état de

sa santé ; je le remerciai avec d'autant plus de vivacité d'avoir souscrit à ma demande, que c'était le premier plaisir qu'il me faisait depuis que je suis près de lui. Je vais donc tenter une expérience que j'ai depuis long-temps fort à cœur. Je vais enfin savoir si le nègre mérite un meilleur sort, s'il est plus sensible aux bons traitemens qu'aux mauvais, ou si en effet il est entaché des vices dont on l'accuse. Je sens que ce redoutable Yambu sera un grand obstacle à mes succès ; que son exemple et ses conseils ont dû beaucoup influer sur le moral des autres esclaves ; que j'éprouverai de grandes difficultés ; que mon oncle y compte pour le gain de son procès : mais aussi, si je parviens à les vaincre, il n'y a pas de doute que le mien ne soit doublement gagné.

Je n'ai pas besoin de te dire que je n'ai rien répondu aux conseils de mon oncle, tant pour conserver ma fortune que pour me conduire dans le monde. Qu'eussé-je pu lui dire qui ne lui eût déplu? Quelles odieuses maximes! et combien il est à plaindre de les croire nécessaires! Oh! non, je me plais à croire, moi, que les hommes ne sont pas aussi méchans qu'il me les montre, et qu'il se trompe sur leur compte, comme sur celui des nègres. Tu ne tarderas pas à savoir qui de nous deux a raison. Adieu.

FIN DU TOME SECOND.

www.ingramcontent.com/pod-product-compliance
Lightning Source LLC
Chambersburg PA
CBHW051919160426
43198CB00012B/1951